Haftungsausschluss:
Der Inhalt dieses Buches wurde von mir mit bestem Wissen und Gewissen geschrieben. Dennoch übernehme ich für Irrtümer, mit denen der vorliegende Text und die Karten behaftet sein könnten, keine Haftung.

Alle Rechte vorbehalten.

Die **Nutzung der QR-Codes** für Fahrpläne und Gaststätten setzt auch ohne weitere Hinweise voraus, dass der Leser mit einer evtl. Speicherung und Weiterverarbeitung seiner Daten durch die Webseiten des Drittanbieters einverstanden ist.
Ist der Nutzer nicht einverstanden, muss von der Nutzung dieser Codes abgesehen werden. (Details siehe unter 16.2.3 Datenschutzhinweis S. 127)

AF284140

Herstellung und Verlag
BoD – Books on Demand, Norderstedt
ISBN 978-3-7534-4618-9
1. Auflage

Impressum:
Copyright: M. Neubecker
Jahr: 2021

ISBN: 978-3-7534-4618-9

Lektorat/Korrektorat: Gwendolin Fischer
Illustrationen: Matthias Neubecker
Covergestaltung: Matthias Neubecker
Weitere Mitwirkende:
Gwendolin Fischer (Foto)
Johannes (Idee Geokoordinaten)
PeteH (Foto- und IT-Technik)

Danke für Eure Unterstützung!

Herstellung und Verlag: BoD - Books on Demand, Norderstedt

Die Deutsche Nationalbibliothek verzeichnet diese Publikation in der Deutschen Nationalbibliografie; detaillierte bibliografische Daten sind im Internet über dnb.dnb.de abrufbar.

Dieses Buch darf jeder lesen. Deshalb und im Sinne einer guten Lesbarkeit verzichte ich ganz bewusst auf das heute übliche Gendering. **Man** steht bei mir für jeden, der nach diesem Buch wandern möchte, Frauen, Männer und wer sonst noch Lust darauf hat. Viel Spaß dabei.

Ebenfalls im Sinne der besseren Lesbarkeit werden auch kleinere Zahlen als Zahlen und nicht, wie üblich, als Wort geschrieben.
Vielen, vielen Dank auch an meine Liebe, Fotografin Gwen, die jede (Foto)Pause ertragen hat. Gefühlt ewig wartete sie auf den nächsten Zug, um dann sofort zu berechnen, ob wir noch Zeit für den Nächsten am folgenden Fotostopp haben…
Ohne Dich wäre dieses Buch und mein Leben nur halb so schön!

Immer an der Bahn lang

Band 1

Tren de Sóller

(Mallorca)

„Bei der Eisenbahn von Sóller kommt es nicht darauf an schnell, sondern rechtzeitig anzukommen."*

Foto vom Emblem der Ferrocarril de Sóller, wie die Eisenbahngesellschaft des Tren de Sóller offiziell heißt.

* = Quelle: Der Zug von Sóller – Geschichte, Erzählungen und Gegenwart von Ferrocarril de Sóller S.A.

Inhalt

Begrüßung der Fahrgäste am Bahnsteig

Vorwort

„Immer an der Bahn lang" – Wandern und Trainspotting
Band 1 – Tren de Sóller

Auf der für Party und Vergnügen bekannten Ferieninsel Mallorca gibt es eine Schmalspurbahn, die durch eine malerische Landschaft führt und die für Bahnfans bestimmt auch eine Reise wert sein dürfte.

Dieses Buch dient jedoch nicht einfach der Beschreibung dieser Eisenbahn. Ich selbst bin kein Statistiker. Daher werde ich mich mit Daten und Fakten zum Tren de Sóller in diesem Buch zurückhalten.

Was mich vielmehr begeistert, ist das Erleben der Bahn - sowohl im Zug als auch den Zug von außen, in der Natur und im Bahnhof. Da will ich dabei sein.

Ich glaube, mit dieser Begeisterung bin ich nicht alleine. Leider geben „normale" Bahnbücher nur Fakten und Daten und vielleicht schöne Bilder her. Die Wanderführer hingegen schicken einen auch nach anderen Prioritäten durch die Gegend.

So versuche ich hier, beides zu kombinieren.

Ich will Tipps geben:

Wo wandert man, um direkt an der Bahn entlang zu gehen? Wo kann man schöne Fotos machen?

Wie kann man das Wandern und die Bahn auf Touren kombinieren?

Dafür war ich selbst unterwegs und hoffe, Ihr habt genauso viel Spaß beim Erfahren dieser Touren wie ich, wie wir (meine Fotografin und ich).

Ein bisschen Statistik gibt es im letzten Drittel unter Allgemeines zur Bahn. Alle nötigen Hinweise zur Benutzung dieses ungewöhnlichen Guides, zu Datenschutzproblemen u. ä. findet man unter Benutzung des Buches am Ende des Buches.

Ganz am Ende gibt es noch einen Fahrplan, so dass man ihn ohne viel Blättern unterwegs sofort zur Hand hat.

Stück für Stück soll hieraus eine ganze Reihe entstehen, insbesondere für Schmalspurbahnen oder für besonders interessante Regelspurstrecken, hauptsächlich in Deutschland.

Übersichtskarte

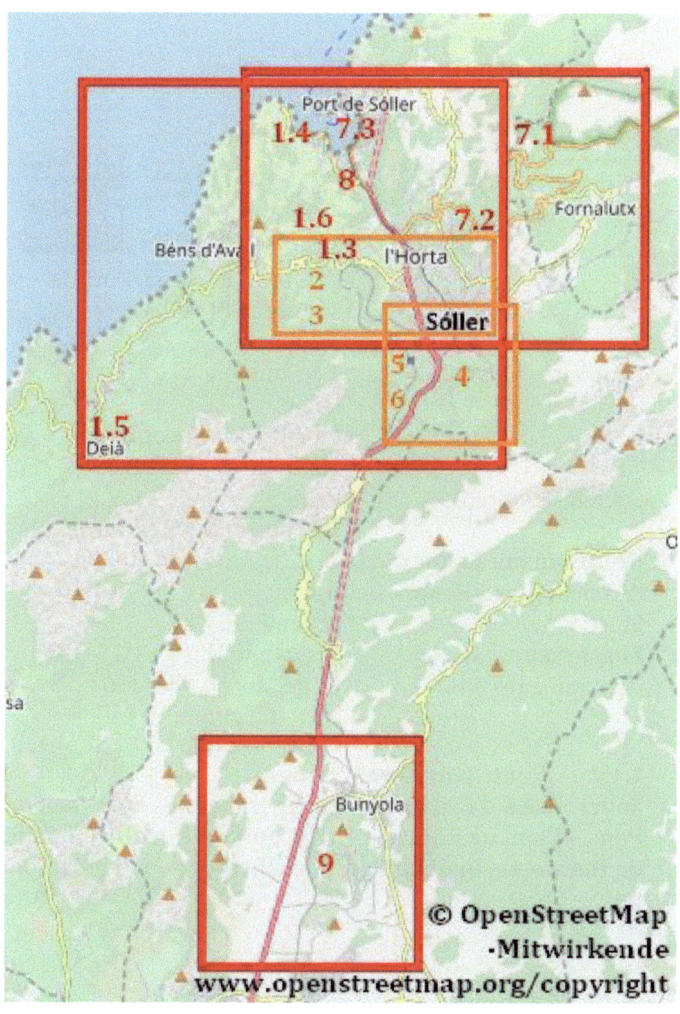

1 Von Sóller in Richtung Deià oder Port de Sóller

1.1 Auf dem Weg bis Ca'n Gamundi

1.1.1 Daten zur Tour

Start:	Ende:	
Bhf. Sóller	Ca'n Gamundi	
(39.765043,	(39.767413,	
2.715091)	2.691771),	
	(weiter nach Deià, Port de Sóller o. Bhf. Sóller)	

Tourlänge: 3,5 km
Laufzeit: 1,5 Stunden
Gaststätten: keine
Besonderheiten: Plus Rückweg von Tour 1.3 - 1.6
Schwierigkeiten: keine
Tipp: Teleobjektiv einpacken
Kreuzung mit Bahn: 2
Aussichten auf Bahn: 6
Start: gegen 9:30 Uhr
Zugverkehr: 3 x; 10:30 Uhr - 11:15 Uhr
Abstand zum Bhf.: Ungefähr 10 Minuten Abstand zum Bhf. Sóller

1.1.2 Route Kurzbeschreibung

Sóller, Plaça d'Espanya – Carrer Isabel II – Camí de Son Pons – Camí de Rocafort – **BÜ Camí de Rocafort** – Camí de Rocafort – **Brücke Camí de Rocafort** – Camí de Costelló – Ca'n Gamundi

1.1.3 Karte zur Tour

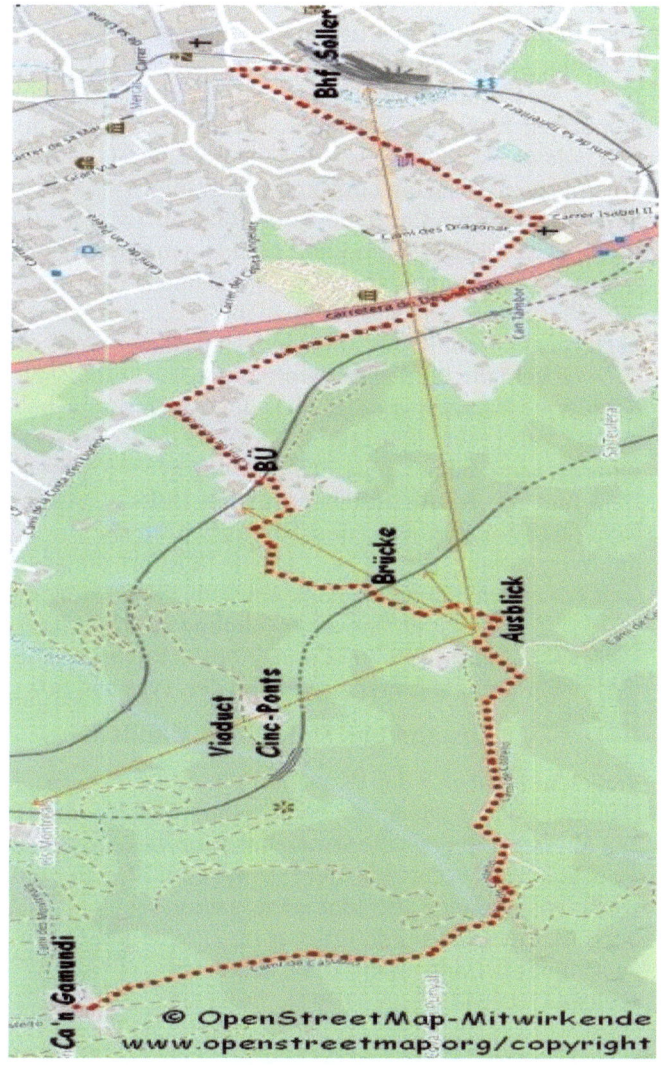

© OpenStreetMap-Mitwirkende
www.openstreetmap.org/copyright

1.1.4 Route im Detail

Diese Tour startet natürlich am Bahnhof in Sóller. Vom Bahnhofsvorplatz, der Plaça d'Espanya, geht es in Richtung Stadt. Man läuft die linke Seite entlang, nicht rechts, wo die Straßenbahn nach Port de Sóller fährt. An der ersten Kreuzung hält man sich links und folgt der Carrer Isabel II. Die Straße geht eine ganze Weile geradeaus. An einem scharfen Linksknick biegt man nach **rechts** **in den Camí de Son Pons** ab (39.762507, 2.711214). Am Ende des kleinen Aufstiegs erreicht man die Ma-11. Nachdem man diese überquert hat, folgt man ihr einige Schritte nach rechts. Dann biegt links der Camí de Son Pons ab, auf welchem die Route links weitergeht.

Nach 2 – 3 Minuten mäßigt sich der Anstieg und bald kommt von rechts der Camí de la Costa d'en Llorenc. Kurz danach teilt sich der Weg nach Deià und die **Route führt, natürlich links** (39.766189, 2.706582), den bergaufführenden Weg entlang. Dieser, der Camí de Rocafort, steigt soweit wir sehen können steil an. Am Ende dieser Steigung  befindet sich als Belohnung ein ***Bahnübergang*** (39.765237, 2.70481). Vielleicht können wir hier rasten und den Tren sehen?

Abstand Bhf. Sóller: 2 - 3 Minuten

Vielleicht lohnt sich das Warten?
Dahinter geht es wiederum steil weiter. Nach einem kurzen Anstieg ist jedoch die Straße links abzweigend privat. Man geht also rechts auf einem schmaleren Weg, der teilweise aus Treppen gebildet wird, weiter bergauf. Gut 10 Minuten führt er im Zickzack hinauf. Dann steht man auf einer ***Brücke*** (39.764117, 2.701991).

Abstand Bhf. Sóller: 10 Minuten
Abstand Mirador del Pujol d'en Banya: 2 Minuten
(falls es dort eine Zugkreuzung gibt).
Abstand Bhf. Bunyola: 15 Minuten

Die Brücke liegt zwischen den Tunneln 7 (links) und 8 (rechts). Sie selbst ist wie ein Tunnelportal gebaut. Jeweils hinter den Tunneln liegt links von der Brücke der Mirador del Pujol d'en Banya, rechts das Viaducte de Cinc Ponts. Da man sich mittlerweile von Sóller aus gesehen hinter dem Kehrtunnel Cinc-Cents befindet, liegt Palma jetzt links und Sóller rechts.

Ich habe hier gegen 10:40 Uhr einen Tren Privado (steht nicht im Fahrplan) fotografieren können.

Der fahrplanmäßige Gegenzug kam meist gegen 11:00 Uhr aus Sóller. Da Deià und Port de Sóller, unsere weiteren Ziele, aber doch noch einen langen Weg darstellen, möchte ich empfehlen, hier nicht allzu lange zu warten. Es gibt kürzere Touren (2 und 3), die hier auch noch einmal entlang führen.

Nach der Brücke geht es noch weitere 5 Minuten den Berg hinauf, dann erreicht man den Camí de Costelló.

Bevor man aber so weit ist, empfehle ich, beim Aufstieg immer rechts den Berg hinabzuschauen. Es gibt eine ***Stelle*** (39.763007, 2.700909), von der man die beiden verschiedenen Streckenebenen unter sich sieht, in den Bahnhof blicken kann und linkerhand auch die Strecke vor der Finca els Mont-reials sieht. Etwas höher in einer Linkskurve kann man sogar den oberen Teil des Viaducte de Cinc Ponts sehen. Doch zurück zum **Camí de Costelló** (39.762639, 2.699968). Hat man ihn erreicht, wird der Weg deutlich leichter. Es geht jetzt rechts, quasi immer in der gleichen Höhe den Camí in Richtung Deià entlang. Ab und zu weicht man dabei vom breiten Weg ab und nimmt einen schmalen Fußweg; durch die gute Kennzeichnung mit Pfählen, auf denen kleine Wegweiser sind, kann man sich aber bestens orientieren. Auf diese Art erreicht man in 15 - 20 Minuten das **Gehöft Ca'n Gamundi** (39.767146, 2.691911). Leider gibt es das in einigen Karten hier ausgewiesene Café nicht mehr.

Bahnübergang über den Camí de Rocafort vom Zug aus gesehen

Brücke des Camí de Rocafort über den Tren de Sóller,
vom Zug aus gesehen

1.2   Von Ca'n Gamundi weiter

1.2.1   Optionen

Es gibt vier Optionen, um weiterzugehen. Wie genau, ent-
scheidet jeder selbst. Hauptsächlich geht es auch darum,
wieviel Zeit man schon für die Bahn verbraucht hat. Die
zwei Varianten, die nach Port de Sóller oder Deià weiter-
führen, sind auf jeden Fall anspruchsvoller, was den Weg
und die Zeit betrifft. Ich persönlich favorisiere auf jeden
Fall den Weg nach Port de Sóller. Hier fährt man mit der
Tranvía zurück.

1.3 Direkt zurück nach Sóller (rot)

Länge:	2,5 km
Zeit:	1 Stunde
Gaststätten	keine (außer in Sóller)

1.4 Weiter nach Port de Sóller (blau)

Länge:	7,3 km
Zeit:	2,5 Stunden
Gaststätten:	3 - 4
Rückfahrt:	mit Tranvía

1.5 Weiter nach Deià (orange)

Länge:	7 km
Zeit:	2,5 Stunden
Gaststätten:	2 - 3
Rückfahrt:	mit Bus/Taxi?

1.6 Weiter im Bogen nach Sóller (lila)

Länge:	5 km
Zeit:	2,5 Stunden
Gaststätten:	2 - 3

1.2.2 Karte zur Tour

1.3 Direkt zurück nach Sóller

1.3.1 Daten zur Tour

Start:	Ca´n Gamundi (39.767413, 2.691771)	Ende:	Bhf. Sóller (39.765043, 2.715091)

Tourlänge: 2,5 km
Laufzeit: 1 Stunde
Gaststätten: keine (außer in Sóller)
Schwierigkeiten: es geht anfangs etwas steil bergab
Besonderheiten: schöne Aussichten auf Sóller
Tipp: --
Kreuzungspunkte Bahn: 1
Aussichten auf die Bahn: 4 - 5
Besonderheiten Bahn: sehr schöne Fotopunkte, Viadukt aus der Ferne
Start: 12:15 Uhr
Zugverkehr: 12:30 Uhr
Abstand zum Bhf.: Rampe, 10 min zum Bhf. Sóller, Tunnel 11, 5 min zum Bhf. Sóller

1.3.2 Route Kurzbeschreibung

Ca'n Gamundi – Camí des Mont-reials – **Rampe** – Camí des Rost – **Tunnel 11** – Camí des Rost – Camí de la Costa d'en Llorenc – Camí de la Costa – Carrer del Capità Angelats – Plaça de la Constitució – Plaça d'Espanya

1.3.3 Karte zur Tour

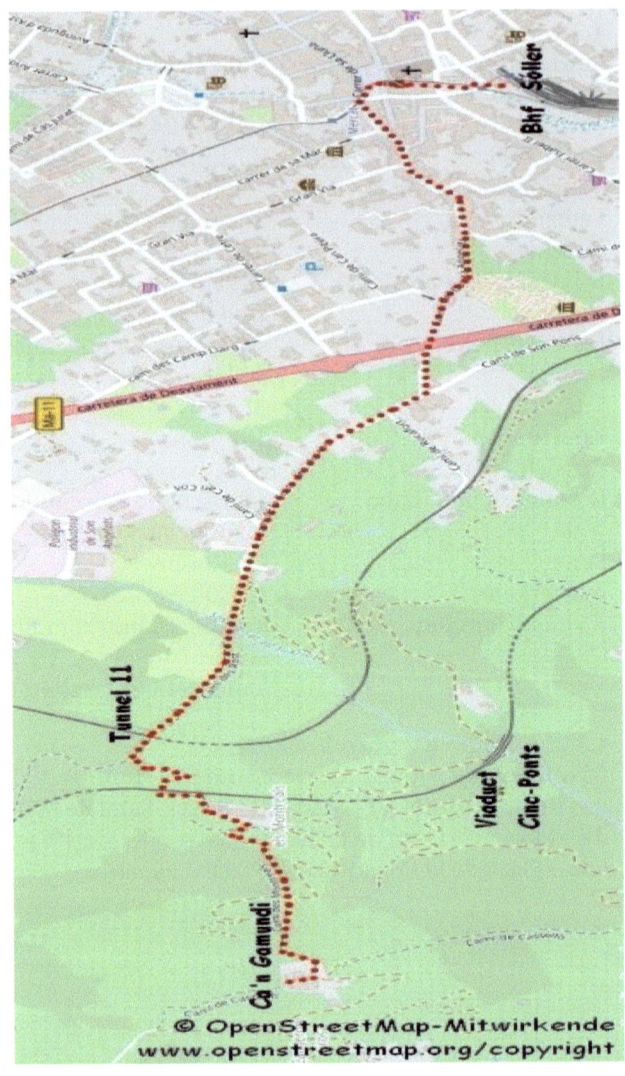

1.3.4 Route im Detail

Der schnellste Weg zurück führt von Ca'n Gamundi direkt den Camí des Mont-reials entlang. Man geht dazu ein paar Schritte den Weg zurück, den man kam und zweigt dann gleich nach dem großen Gebäude nach links in Richtung Sóller ab. Der Weg ist gut ausgebaut. Es

sind ganze 400 m, die man bergab geht, dann **erreicht man** (39.767781, 2.695853) bereits die Finca els Mont-reials. Unterwegs gibt es kleine Abzweigungen nach links oder rechts, diese verlängern den Weg aber nur und führen im Bogen wieder auf den Camí zurück.

Wenn hinter der Finca die Straße von rechts kommt, folgt man der Markierung des Wanderweges und geht direkt links hinter der Finca den schmalen Pfad entlang. Wenige Meter weiter biegt der Weg auf eine ***Rampe an der Bahn*** (39.768311, 2.69664) ein.

Abstand Bhf. Sóller: 10 Minuten

Von hier hat man einen schönen Blick auf die Bahnstrecke. Links verschwindet die Strecke in einer Linkskurve. Rechts blickt man in den Tunnel 9 Richtung Palma. Wenn man ganz genau hinschaut, kann man das Viaducte de Cinc Ponts erkennen, welches hinter Tunnel 9 liegt (quasi links vom Portal).

Bevor man jetzt auf den nächsten Zug wartet, gebe ich auf der nächsten Seite erstmal einen kleinen Überblick über die folgenden Möglichkeiten der Bahnbeobachtung. Die Routen 2 und 3 führen übrigens auch hier lang. Teilweise in anderer Richtung, sodass man sich das beste rauspicken kann.

Auf diesem Hang verläuft die Bahn in 2 Ebenen.
Die obere Ebene verläuft an der Rampe entlang.
Die untere knapp 35 Höhenmeter darunter.
Für den Fußweg zwischen den Ebenen benötigt man circa 3 Minuten – vom Bahnübergang am Fuß der Rampe bis zum Tunnel 11.
Kommt also ein Zug aus Richtung Sóller, erwischt man diesen circa 5 Minuten nach Abfahrt am Portal von Tunnel 11, an der unteren Ebene.

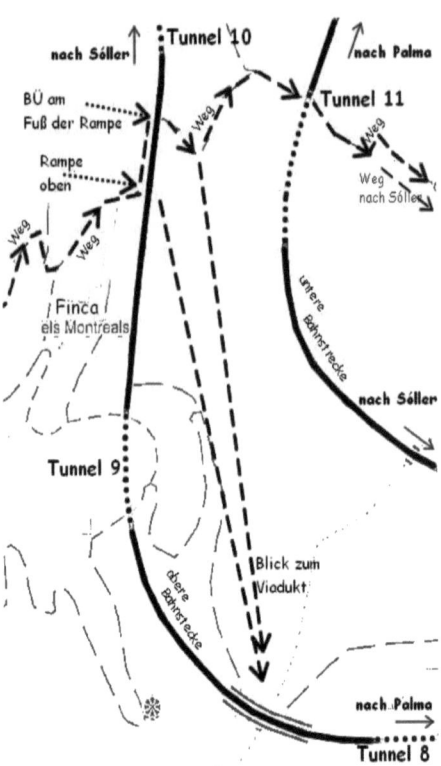

Nach ungefähr 3 Minuten erreicht der Zug dann die Rampe (den BÜ) an der oberen Ebene.
Kurz nachdem der Zug dann in Tunnel 9 verschwunden ist, erscheint er etwas weiter links auf dem Viadukt.
Kommt der Zug aus Palma, sollte man ihn ungefähr 15 Minuten vor der Ankunft in Sóller auf dem Viadukt erwarten.
Dann passiert er Tunnel 9 und die Rampe.
Nun muss man schnell sein und in 2 - 3 Minuten auf die untere Ebene zu Tunnel 11 wechseln.
Nach 2 - 3 Minuten trifft der Zug aus Palma dann am Tunnel 11 ein.

Egal ob man jetzt warten will, zum Tunnel 11 möchte oder einfach nur nach Sóller absteigen will, der Weg führt weiter die Rampe hinab.

An ihrem Fuß quert man die Bahn. Der Weg beschreibt gleich danach eine Rechtskurve, um sich dann wenige Meter weiter um 180 Grad nach links zu drehen. Dann erreicht man nach wenigen Schritten den Camí des Rost. Man folgt nun dem Camí nach rechts. Wenige Meter weiter knickt der Weg im rechten Winkel nach rechts ab.

 Links sieht man die Bahnstrecke, die direkt unten im Berg verschwindet. Man steht oben an **Tunnel 11** (39.768899, 2.698212) und kann bis auf das Portal des Tunnels gehen.

Abstand Bhf. Sóller: 5 Minuten

Von hier führt der Camí des Rost in ein paar Kurven weiter bergab. Schnell wird er dann seichter und gerade.

Der Camí führt uns links an einer Hotelanlage entlang. Hier geht der Camí des Rost in den Camí de la Costa d'en Llorenç über. Gut 400 m nach dem Hotelparkplatz kommt man an eine Gabelung. Hier stehen ein paar Häuser. Die Route folgt an der Gabelung dem **Camí de la Costa nach links** (39.765773, 2.707060) und erreicht nach wenigen Metern die Ma-11.

 Diese wird überquert und gleich darauf geht es auf der anderen Straßenseite in die Carrer del Capita Angelats hinein. Der Carrer folgt man **gut 400 m** (39.765542, 2.712381). Dann geht es quasi weiter „geradeaus". Man folgt der Carrer Quadrado, Carrer de la Rectoria und Carrer de Bauçà. So erreicht man nach gut 250 m die **Plaça de la Constitució** (39.766325, 2.715192). Hier tobt das Leben und man findet viele Lokale und Cafés. Außerdem fährt hier die Straßenbahn von Port de Sóller zum Bahnhof über den Platz. Ihr folgt man nach rechts den Berg hinauf und erreicht nach einigen Metern an der Kirche entlang den „Bahnhofsvorplatz".

 Mit der Ankunft auf der **Plaça d'Espanya** (39.765043, 2.715091) ist man am Ausgangspunkt der Tour dem _**Bhf. Sóller**_ angekommen.

Tren de Sóller vom Tunnel 11 gesehen.

Das Portal von Tunnel 11 vom Zug aus.

Der Tren de Sóller, aus Sóller kommend, passiert die Finca els Mont-reials.

Das Portal von Tunnel 10, dem Kehrtunnel Cinc-Cent von der Sóller-Seite ausgesehen. Im Video kommt der Zug aus Sóller.

1.4 Weiter nach Port de Sóller

1.4.1 Daten zur Tour

Start:	Ende:
Ca´n Gamundi	Port de Sóller
(39.767413,	(39.797617,
2.691771)	2.695558)
Tourlänge:	8,5 km
Laufzeit:	3,5 Stunden
Gaststätten:	3 unterwegs
Besonderheiten Tour:	Wir kommen am Leuchtturm von Port de Sóller vorbei
Schwierigkeiten Tour:	Der Weg ist teilweise etwas anspruchsvoll, aber allgemein gangbar. Man sollte ausreichend Getränke dabeihaben.
Tipp:	Teleobjektiv einpacken
Kreuzungspunkte Bahn:	0
Aussichten auf die Bahn:	0
Besonderheiten Bahn:	Rückfahrt mit der Tranvía/Straßenbahn

1.4.2 Route Kurzbeschreibung

Ca'n Gamundi – Camí de Costelló – **Casa Ca's Xorc** – Camí de Costelló – Capella de Costella – GR-221 – Ma-10 – Ca'n Bleda – Carretera de Béns d'Avall – GR-221 – **Refugi de Muleta** – Port de Sóller – **Tranvía nach Sóller**

1.4.3   Karte zur Tour

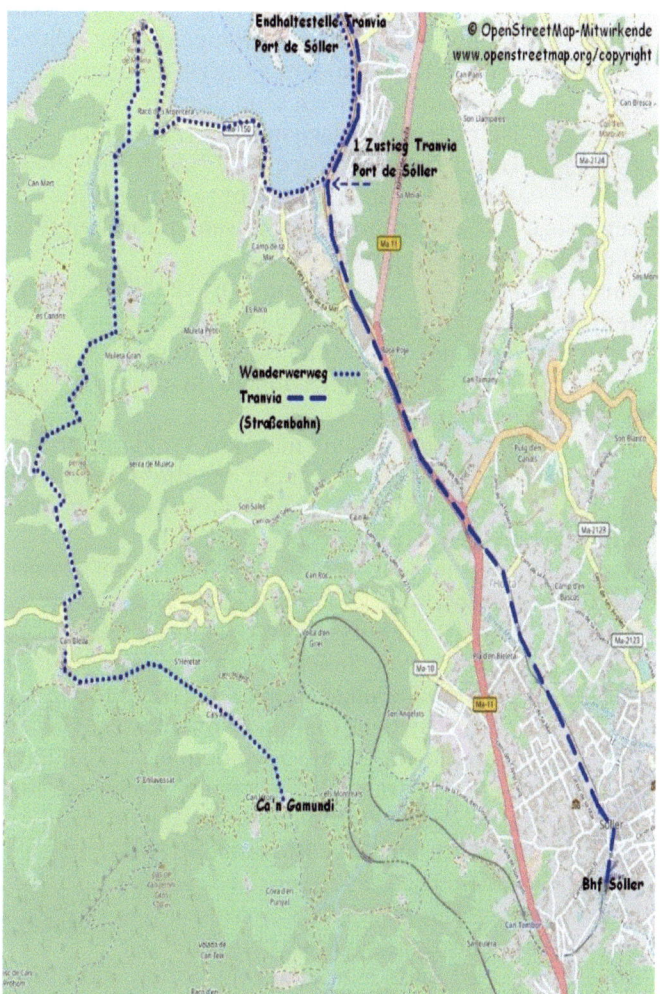

1.4.4 Route im Detail

Um nach Port de Sóller zu kommen, folgt man weiter dem Camí de Castello. Dabei hat man immer wieder schöne Blicke über Sóller. Nach einiger Zeit wird aus dem steinigen Pfad wieder ein asphaltierter Weg. Kaum ist man 600 m gegangen, erreicht man das **Hotel Casa Ca's Xorc** (39.770774, 2.686943). Auch wenn man hier nicht rasten will, die Außenanlage sollte man sich ruhig ansehen und den Ausblick genießen. Er ist grandios!

Dann geht es wieder auf den Camí zurück und man folgt dem asphaltierten Weg noch 200 m talwärts. Nun kommt von rechts der Camí des Rost herauf. An dieser Kreuzung geht es nun links hinauf in den Wald.

Gut eine Viertelstunde läuft man am Waldrand entlang, dann kommt man an die **Capella de Costella** (39.771669, 2.677437). Man geht rechts bzw. unterhalb an ihr vorbei.

Wer links entlang geht, erreicht nach wenigen Metern das **Gasthaus Son Mico** (39.771591, 2.676252). Der Weg dahinter führt (als GR-221) nach Deià weiter. Nach Port de Sóller hält man sich also unterhalb der Capella und nach ungefähr 300 m Abstieg, bei dem man sich immer rechts hält, kommt man an die Ma-10, die Verbindungsstraße Sóller - Deià. Wer gar nicht mehr kann, kann von hier den Bus nach Sóller nehmen, allerdings fahren davon nicht so viele. Man könnte auch im **Restaurant Son Bleda** (39.771669, 2.677437) an der Tramuntana Lodge speisen.

Der Weg nach Port de Sóller führt nun über die Ma-10 und dazu muss man leider der Straße gut 100 m nach links folgen. In der scharfen Linkskurve zweigt eine **Straße nach rechts ab** (39.774625, 2.676284), die Carretera de Bens d'Avall. Auf ihr geht nun die  Route weiter, so wie es uns auch der Wegweiser empfiehlt. Jetzt muss man die Zähne zusammenbeißen, denn es geht ungefähr 800 m die doch etwas befahrene Straße entlang.

Dann knickt die Straße nach links unten ab. Die Route folgt nun dem Weg GR-221 in Richtung Port de Sóller bzw. Far de Cap Gros. Anfangs ist auch dieser Weg noch asphaltiert, nach 100 m wird er aber schon schmaler und nach 200 m biegt man an einer Gabelung nach rechts in die Ebene ab. Es geht immer den GR-221 entlang, bestimmt noch fast einen Kilometer.

Mitten in einem Olivenhain, wenn man fast eine Finca (Finca Grande Muleta) erreicht hat (in der Hoffnung, es handelt sich um ein Gasthaus), führt ein steiniger Weg plötzlich nach **links den Berg hinauf** (39.785158, 2.679752). Ich sagte ja bereits, hier ist ein anstrengendes trockenes Stück!

Genau genommen teilt sich der GR-221 hier. Wer in der Ebene bleibt, erreicht nach ca. 3,5 km die Ma-11b und die Straßenbahn in Port de Sóller. Dabei geht es wahrscheinlich eher unspektakulär gerade oder bergab. Wahrscheinlich aber auch ohne besondere Aussichten. Genau weiß ich das nicht, ich bin dieses Teilstück nicht gegangen.

Wer sich aber links den Berg hinauf quält, erreicht den gleichen Punkt in Port de Sóller nach ca. 3,7 km.

Allerdings hat er am Leuchtturm Far de Cap Gros einen grandiosen Blick. Das lohnt sich, da war ich!

Also hoch den Berg. Gut eine Viertelstunde dauert der Aufstieg, dann ist man über den Berg und nun führt einen der GR-221 langsam auf den Kamm und nochmals 15 Minuten leicht abwärts zum **Refugi de Muleta** (39.796683, 2.681150), dem kleinen Rasthaus am Leuchtturm. Hier gibt es kleine Sandwiches und einige Getränke, aber hier ist man für alles dankbar. Und mal ehrlich, die Aussicht entschädigt auf jeden Fall für die Mühe.

Von dieser schönen Aussicht am Leuchtturm geht es nun auf einer Straße gut 2 km zur Straßenbahn nach Port de Sóller.

Es ist nicht toll, die Straße zu laufen, aber die Sicht auf die Bucht und den Naturhafen von Port de Sóller entschädigt mit Sicherheit. Im Ort gibt es dann auch zahlreiche Lokalitäten, in denen man sich stärken kann. Von der Strandpromenade Passeig de la Platja biegt gleich am Beginn die Straße nach rechts ab. Die Route folgt aber der Promenade gut 250 m, bis man die Brücke über den Torrent Major und dahinter die **_Plaça de sa Torre_** erreicht. Die gleichnamige **_Straßenbahnhaltestelle_** (39.790904, 2.694614) der Tranvía liegt dann wenige Meter weiter, wenn die Straßenbahn von rechts auf die Promenade einschwenkt. Wen die Zeit drängt, der sollte von hier nach Sóller zurückfahren.

Wenn man aber noch Zeit hat, dann empfehle ich, den Umweg über die Endstation der Tranvía zu machen. Man muss für die 800 m noch gut 15 Minuten einplanen. Eigentlich mehr, denn der Weg führt an vielen kleinen Geschäften, Cafés und Restaurants vorbei. Außerdem läuft man die ganze Zeit direkt neben der Tranvía. Da ergeben sich schnell schöne Fotomotive. Man könnte sogar noch baden gehen. Die **_Endhaltestelle der Tranvía_** (39.797617, 2.695558) liegt direkt am Lokal Mar y Sol.

Blick vom Leuchtturm Far de Cap Gros auf die Hafeneinfahrt von Port de Sóller.

Hochbetrieb an der Endhaltstelle der Tranvía in Port de Sóller. Tagsüber stehen hier oft mehrere Züge zur Abfahrt bereit.

1.5 Weiter nach Deià

1.5.1 Daten zur Tour

Start:		Ende:	
Ca'n Gamundi (39.767413, 2.691771)		Deià (39.748805, 2.648649)	

Tourlänge: 7,5 km
Laufzeit: 3 Stunden
Gaststätten: 3; 2 davon unterwegs
Besonderheiten Tour: sehr schöne Blicke auf das Mittelmeer
Schwierigkeiten Tour: Es gibt für den Rückweg nur den Linienbus. Er fährt relativ selten! Der Weg ist teilweise anspruchsvoll.
Tipp: Teleobjektiv einpacken
Kreuzungspunkte Bahn: 0
Aussichten auf die Bahn: 0
Besonderheiten Bahn: 0

1.5.2 Route Kurzbeschreibung

Ca'n Gamundi – Camí de Costelló – **Ca's Xorc** – Camí de Costelló – Capella de Costella – GR-221 – Camí de Costelló – Carretera de Deià – Hotel Exit Villa Magda – GR-221 – **Carretera de la Cala** (Bus) – Camí de Ribassos – Carrer de's Clot – Carrer de Felip Bauca – **Zentrum Deià**

1.5.3 Karte zur Tour

1.5.4 Route im Detail

Um nach Deià zu kommen, folgt man nun erstmal weiter dem Camí de Castello. Dabei hat man immer wieder schöne Blicke über Sóller. Nach einiger Zeit wird aus dem steinigen Pfad wieder ein asphaltierter Weg. Kaum ist man 600 m gegangen, erreicht man das **Hotel Ca's Xorc** (39.770774, 2.686943). Auch wenn man hier nicht rasten will, empfehle ich die Besichtigung der Außenanlage. Auch der Ausblick von hier ist grandios!

Anschließend geht es wieder auf den Camí zurück. Die Route folgt dem asphaltierten Weg noch 200 m. Dann kommt von rechts der Camí des Rost herauf. An dieser Kreuzung geht es links hinauf in den Wald.

 Gut eine Viertelstunde läuft man nun am Waldrand entlang, dann kommt man an der **Capella de Costelló** vorbei (39.771669, 2.677437). Man geht links bzw. oberhalb um sie herum. Wenige Meter weiter erreicht man das **Gasthaus Son Mico** (39.771591, 2.676252). Der Weg führt ab hier (als GR-221) nach Deià weiter.

 Wer rechts bzw. unterhalb der Capella entlang geht, erreicht nach wenigen Metern das **Restaurant Son Bleda** (39.773537, 2.676579) an der Ma-10. Hier befindet sich auch eine Bushaltestelle, für den Fall, dass jemand gar nicht mehr kann. Der Weg führt ab hier (als GR-221) auch nach Port de Sóller weiter.

Nach Deià geht man also links um die Capella herum und hat das Gasthaus Son Mico passiert. Anschließend folgt man dem GR-221, wie der Camí de Costelló nun heißt, für gut eine Stunde. Dann erreicht man wieder die große Verbindungsstraße **Ma-10 nach Deià** (39.759666, 2.650454), welche hier Carreter de Deià heißt.

Laut Routenplaner geht es nun 450 m die Straße entlang, bis der GR-221 in einer langgezogenen Linkskurve **nach**  **rechts abzweigt** (39.758004, 2.647550). Von diesem Abzweig ist es noch gut eine viertel Stunde und man hat die **Carretera de la Cala** erreicht (39.753929, 2.642960). Man überquert sie direkt an einer Bushalte-  stelle. Dann folgt man für 500 m dem Camí des Ribassos. Er beginnt als schmale Straße und geht dann in einen Weg über. Wenn der Weg  wieder zur Straße wird, hat man die **Carrer des Clot** erreicht (39.749071, 2.642638). Nun geht man ungefähr 10 Minuten bergauf, passiert einige Brunnen und die ersten Cafés. In Höhe des Museo Arqueológico biegt links die **Carrer de Felip Bauçà** ab (39.746621, 2.647917). Ihr folgt man für 200 m und man steht auf der Hauptstraße von Deià. Hier befinden sich zahlreiche Cafés und Res-  taurants. Folgt man der Hauptstraße für 250 m nach links, ist das ***Zentrum von Deià*** (39.748805, 2.648649) erreicht. Von hier kommt man mit dem Linienbus zurück nach Sóller. Ob man sich vorher noch in Deià um- schaut, oder direkt fährt, ist jedem selbst überlassen.

1.6 Im Bogen zurück nach Sóller

1.6.1 Daten zur Tour

Start:	Ca'n Gamundi (39.767413, 2.691771)	Ende:	Bhf. Sóller (39.765043, 2.715091)

Tourlänge: 6 km
Laufzeit: 2,5 Stunden
Gaststätten: keine
Besonderheiten: keine
Schwierigkeiten: keine
Tipp: Fotoausrüstung
                           einpacken
Kreuzungspunkte Bahn: 2
Aussichten auf die Bahn: 1
Besonderheiten der Bahn: Abzweig zum Tunnel-
                           portal vom Kehrtunnel
                           Cinc-Cents u. Tunnel 11
Abstand zum Bhf.:   Tunnel 10
                           5 - 10 min Bhf. Sóller
                           Tunnel 11
                           5 min Bhf. Sóller

1.6.2 Route Kurzbeschreibung

Ca'n Gamundi – Camí de Costelló – Ca's Xorc – Camí de Costelló – Camí des Rost – **Abzweig zum Tunnel 10** – Camí des Rost – **Tunnel 11** – Camí des Rost – Camí de la Costa d'en Llorenc – Camí de la Costa – Carrer del Capità Angelats – Plaça de la Constitució – Plaça d'Espanya

1.6.3 Karte zur Tour

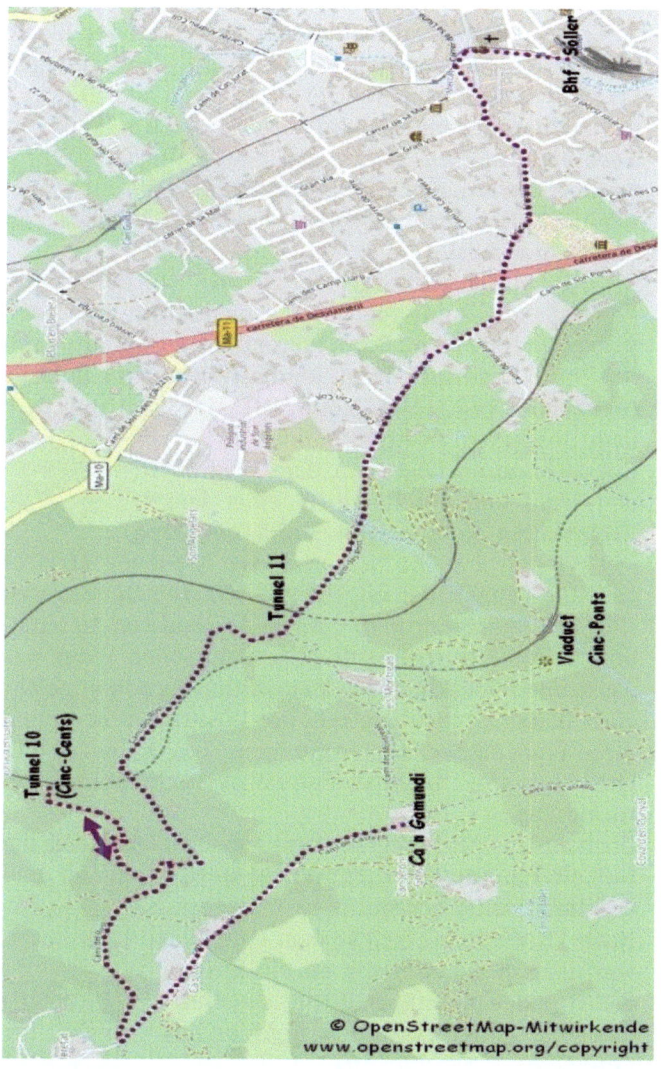

1.6.4 Route im Detail

Um nach Sóller zu kommen, folgt man weiter dem Camí de Costelló. Dabei hat man immer wieder schöne Blicke über Sóller. Nach einiger Zeit wird aus dem steinigen Pfad wieder ein asphaltierter Weg. Kaum ist man 600 m gegangen, wird das **Hotel Ca's Xorc** erreicht (39.770774, 2.686943). Auch wer hier nicht rasten will, sollte sich ruhig die schöne Außenanlage ansehen. Auch der Ausblick von hier ist grandios!

 Dann geht es wieder auf den Camí zurück und die Route folgt dem asphaltierten Weg noch für 200 m. Dann kommt von rechts der Camí des Rost herauf. An dieser Kreuzung **geht es rechts ab** (39.771694, 2.685218). Man folgt nun dem Camí des Rost in Richtung Sóller.

Gut 10 Minuten folgt man dem Weg durch den Wald und die Haine. In einer langen Rechtskurve kommt **von links ein Weg**  (39.770737, 2.690661). Von dieser Kreuzung erreicht man den Tunnel 10 in ungefähr 15 Minuten. Der Zug passiert das Tunnelportal mit einem Abstand von 10 Minuten zur Ankunft sowie zur Abfahrt in Sóller. Wenn das passt, empfehle ich diesen kleinen Umweg von ungefähr einer halben Stunde Laufzeit. Der Weg selber ist am unteren Ende an der Ma-11 mit einem Tor versperrt, hier oben aber offen. Dadurch muss man wieder hierher zurücklaufen.

Doch nun los. Man biegt hier links ab und sieht gleich darauf ein Haus an einer Linkskurve stehen. Von hier geht es immer weiter bergab.

Nach 15 Minuten erreicht man eine spitze Linkskurve, von der ein Schotterweg an die Strecke des Tren de Sóller führt. Rechts sieht man das Sóllerseitige Portal des ***Kehrtunnels Cinc-Cents (Tunnel 10)*** (39.772943, 2.692984).

Abstand Bhf. Sóller: 5 - 10 Minuten

Wenn der Zug kommt, hört man ihn schon lange, bevor er am Portal erscheint, durch den Tunnel rumpeln.

Wenn der Fotostopp beendet ist, geht es wieder den Weg hinauf, den man eben kam. Dann trifft man wieder auf den Camí des

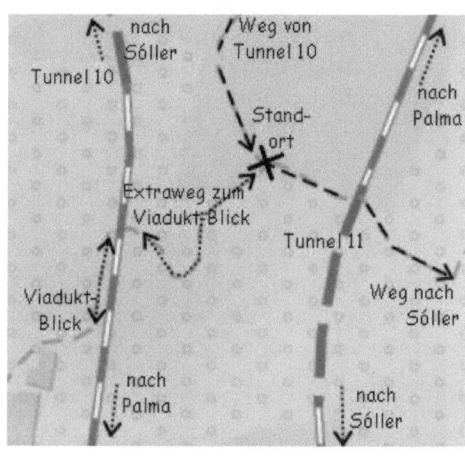

Rost. Diesem folgt man nun nach links quasi geradeaus. Eine gute halbe Stunde geht man ihn nun bergab und hat rechts oft Grundstücke und links den Wald. Dabei läuft man eigentlich immer auf dem Kehrtunnel Cinc-Cents. Dann kommt von rechts der Camí des Mont-reials. Wer jetzt noch Zeit und Lust hat, kann einen kurzen Umweg zum Palma-seitigen Portal des Kehrtunnels machen und einen Blick auf das Viadukt Cinc-Ponts werfen.

Umweg in Richtung Finca els Mont-reials
Dazu muss man rechts dem Camí des Mont-reials für ca. 3 Minuten bergauf folgen (und später wieder an diese Kreuzung zurückkehren).
Nach 150 m erreicht man einen Bahnübergang. Rechts sieht man das obere Palmaseitige Portal des Kehrtunnels Cinc-Cents.
Links liegt Tunnel 9, hinter dem das Viaducte de Cinc Ponts liegt. Um es zu sehen, überquert man die Bahn und geht die Rampe empor. Bevor der Weg eine Kurve macht und neben der Finca entlangführt, kann man etwas weiter links neben dem Portal von Tunnel 9 das Viadukt erkennen.
Nach dem Fotostopp geht man über den Bahnübergang und dann die 150 m den Camí des Mont-reials wieder zurück. Am Camí des Rost angekommen, hält man sich rechts. Und ist wieder auf dem Weg nach Sóller.

Zeitliche Abstände:

- **Tunnel 9 Viaducte de Cinc Ponts ca. 15 Minuten Bhf. Sóller**
- **BÜ/Tunnel 10 Cinc-Cents ca. 10 Minuten Bhf. Sóller**
- **Tunnel 11 ca. 5 Minuten Bhf. Sóller**
- Weg zwischen Tunnel 11 und BÜ/Tunnel 10 ca. 3 - 4 Minuten, der Zug braucht ungefähr die gleiche Zeit

Weiter Richtung Sóller geht es am Abzweig des Camí des Mont-reials einfach gerade den Berg hinab. Nach 50 m kommt eine Rechtskurve und man überquert **_Tunnel 11_** (39.768899, 2.698212).  Man sieht links die Strecke und kann vom Weg direkt „auf" das Tunnelportal gehen. Nach dem oder den Fotostopps folgt man nun dem Weg weiter bergab.

Bald wird er seichter und gerade. Dann führt der Camí links an einer Hotelanlage entlang. Hier geht der Camí des Rost in den Camí de la Costa d'en Llorenc über. Gut 400 m nach dem Hotelparkplatz kommt man an eine Gabelung. Hier stehen ein  paar Häuser. Die Route folgt an der Gabelung dem **Camí de la Costa nach links** (39.765773, 2.707060). 100 m folgt man der Straße. Dann erreicht man die **Ma-11** (39.765711, 2.708363).

 Diese wird überquert und gleich darauf geht es auf der anderen Straßenseite in die Carrer del Capita Angelats hinein. 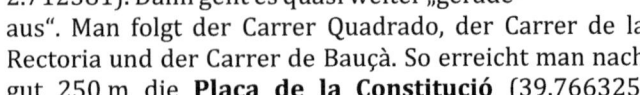 Der Carrer folgt man **gut 400 m** (39.765542, 2.712381). Dann geht es quasi weiter „geradeaus". Man folgt der Carrer Quadrado, der Carrer de la Rectoria und der Carrer de Bauçà. So erreicht man nach gut 250 m die **Plaça de la Constitució** (39.766325, 2.715192). Hier tobt das Leben und man findet viele Lokale und Cafés. Außerdem fährt hier die Straßenbahn von Port de Sóller zum Bahnhof über den Platz.

Ihr folgt man nach rechts den Berg hinauf und erreicht nach einigen Metern an der Kirche entlang den „Bahnhofsvorplatz".

 Mit der Ankunft auf der **Plaça d'Espanya** (39.765043, 2.715091) ist man am Ausgangspunkt der Tour dem ***Bhf. Sóller*** angekommen.

1

Ausblick auf Sóller und Port de Sóller vom Hotel Casa Cas' Xorc.

2   Um die Finca els Mont-reials

2.1   Daten zur Tour

Start:
Bhf. Sóller
(39.765043,

Ende:
Bhf. Sóller
2.715091)

Tourlänge:	9 km
Laufzeit:	3,5 Stunden
Gaststätten:	ein Hotel am Weg
Besonderheiten:	schöne Aussichten auf Sóller und Port de Sóller
Schwierigkeiten:	ein bisschen querfeldein für schöne Fotos
Tipp:	Fotoausrüstung einpacken
Kreuzungspunkte Bahn:	3 - 5
Aussichten auf die Bahn:	ca. 10

2.2   Route Kurzbeschreibung

Sóller, Plaça d'Espanya – Carrer Isabel II – Carrer de Canals – Carrer de Cristòfol Pizà – Carrer de la Rectoria – Carrer Quadrado – Carrer del Capità Angelats – Camí de la Costa d'en Llorenc – Camí des Rost – **Tunnel 11** – Camí des Rost – **Tunnel 10** (Nordportal) – Camí des Rost – Camí de Costelló – Casa Ca's Xorc – Camí de Costelló – Ca'n Gamundi –
2.4.2 Finca els Mont-reials – **Tunnel 11** (Südportal) – Camí des Rost –
2.4.3 Camí de Costelló – befestigter Weg – **Tunnel 9/Viadukt** – Finca els Mont-reials – **Tunnel 11** (Südportal) – Camí des Rost
2.4.5 Camí de Costelló – Camí de Rocafort – **Brücke** – Camí de Rocafort – **Bahnübergang** – Camí de Rocafort – **Weiter** Camí de la Costa d'en Llorenc – Camí de Son Pons – Carrer Isabel II – Plaça d'Espanya

2.3   Karte zur Tour

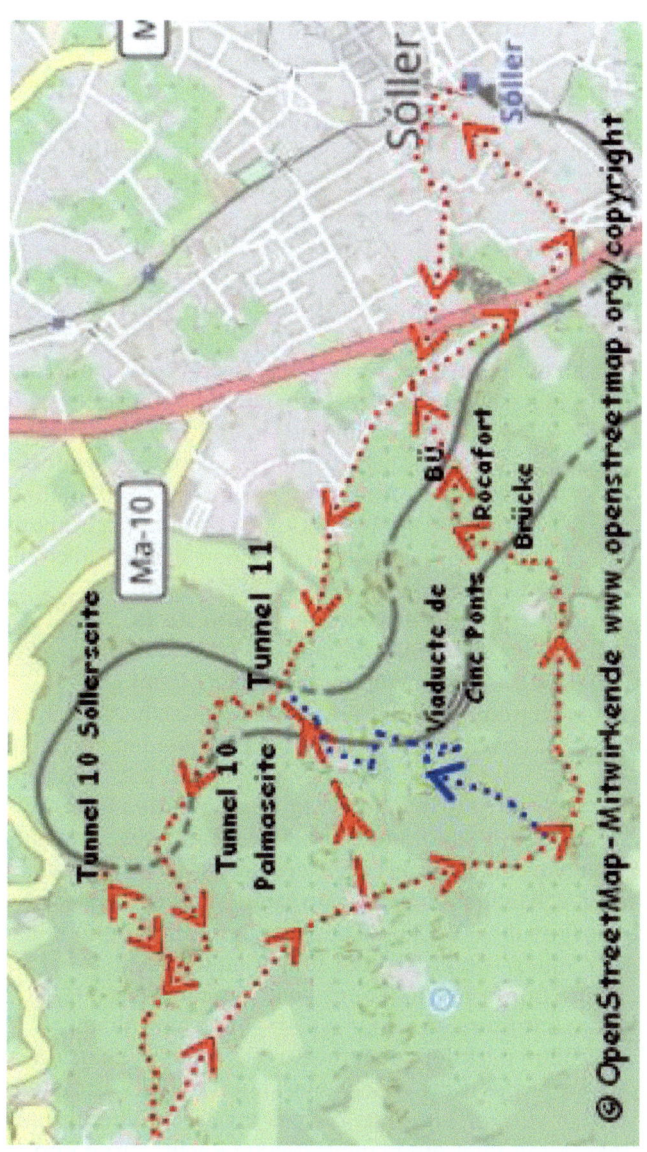

2.4   Route im Detail

2.4.1   Aufstieg nach Ca'n Gamundi

Diese Tour startet natürlich am Bahnhof in Sóller. Vom Bahnhofsvorplatz, der Plaça d'Espanya, geht es in Richtung Stadt. Man läuft die linke Seite entlang. An der ersten Kreuzung hält man sich links und folgt für 30 m der Carrer Isabel II. Dann biegt man scharf nach rechts in die Carrer de Canals ab. Diese kleine Gasse endet nach 40 m. Nun **biegt man links** (39.765756, 2.714489) in das  noch schmalere Gässchen Carrer de Cristòfol Pizà ein. 100 m geht es durch diese kleine Gasse, dann erreicht man an einer Post die Carrer de la Rectoria, welcher man für 40 m nach links folgt. Ab nun hält man sich links in die Carrer Quadrado. An ihrem Ende geht der Weg nach 80 m etwas versetzt rechter Hand in der **Carrer del** **Capita   Angelats** weiter (39.765542, 2.712381). Am Ende der Straße, nach knapp 400 m, erreicht man neben einer Tankstelle die Ma-11. Man überquert die Ma-11 und geht auf der anderen Seite den **Camí de la** **Costa d'en Llorenc** entlang (39.765773, 2.707060). 100 m weiter biegt der Camí rechts ab und man folgt ihm 500 m weiter bergauf. Kurz nachdem man den rechts liegenden Parkplatz  des Hotels Can Coll passiert hat, geht die Straße in einen Weg, den **Camí des Rost**, über (39.767834, 2.702307). Man geht so weiter geradeaus und passiert mehrere Gatter. Links und rechts weiden friedlich Schafe. Man sieht sie nicht unbedingt, aber hört ihre Glocken. Langsam hat man schöne Blicke über Sóller. Diesen Teil des Weges läuft man auch bei anderen Touren. Da man aber viele Beobachtungsmöglichkeiten hat, kann man hier nie oft genug lang gehen. Gut 300 m nachdem man die Straße verlassen hat, macht der Camí des Rost einige markante Kurven und steigt wieder stärker an. Erst geht es fast rechtwinklig nach links, dann folgt eine langgezogene Rechtskurve und an deren Ende geht es wieder in eine Linkskurve über.

In dieser langen Linkskurve überqueren wir *Tunnel 11* (39.768899, 2.698212). Man kann von der Kurve aus die Bahnstrecke sehen. Ein kleiner Trampelpfad führt quasi auf das Portal hinauf. Hier
kann man schön den Tren de Sóller beobachten. Dabei ist aber Vorsicht angesagt, denn man steht direkt über dem Tunnelportal von Tunnel 11. Ein kleiner Zaun sichert die Flanken, denn der Abstieg auf die Strecke erscheint sehr steil und nicht empfehlenswert.

Abstand Bhf. Sóller: 5 Minuten

Tipp: Kommt demnächst ein Zug aus Richtung Palma (15 Minuten oder mehr), empfehle ich weiterzugehen. 50 m weiter bergauf gabelt sich der Weg. Folgt man dort dem linken Weg für 125 m, dem Camí des Mont-reials, erreicht man in ungefähr 5 Minuten die obere Ebene des tren, hinter dem Kehrtunnel Cinc Cents; in der Skizze Punkt 2 am BÜ. Überquert man die Bahn und geht links die Rampe bis an deren Ende, Punkt 3, kann man von dort das Viaducte Cinc Ponts sehen. Man muss aber wieder bis zur Gabelung der Wege zurückgehen.
Die Stelle an Tunnel 11 habe ich mit Punkt 1 markiert.

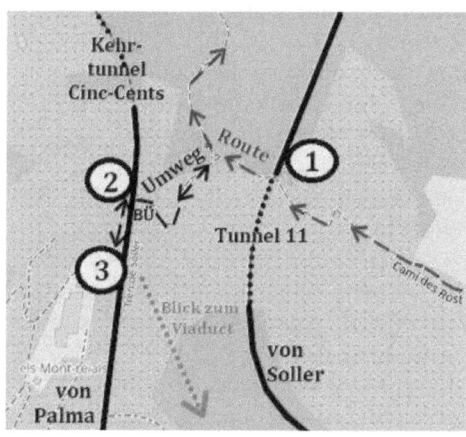

Abstand Bhf. Sóller: ca. 10 Minuten

Man steht jetzt also an Fotostopp 1, am Portal des Tunnels 11.

Abstand Bhf. Sóller: 5 Minuten

Die Fotostopps 2 und 3 kann man übrigens auch auf dem Rückweg anlaufen. Deswegen laufen wir jetzt weiter und folgen am Abzweig in 50 m dem Camí des Rost in Richtung Deià. Gut 30 min/900 m geht es nun mehr oder weniger sanft bergauf. Dann zweigt **rechts ein Weg** ab (39.770737, 2.690661). Dieser führt zum Nordportal des Kehrtunnels 10 Cinc Cents. Merkt Euch den Weg, denn man läuft die 500 m wieder zurück. Nun folgt man erstmal dem abzweigenden Weg für 250 m quasi in einer langen Rechtskurve. Dann gabelt er sich und man hält sich rechts. So geht man 250 m weiter bergab. In einer scharfen Linkskurve sieht man rechts die Strecke des Tren. Wenn man um die Böschung geht, erkennt man das Sóllerseitige Portal des *Kehrtunnels Cinc Cents* (39.772869, 2.692978).

Abstand Bhf. Sóller: 5 - 7 Minuten

Hier hört man einen Zug durch die Kurvenfahrt bereits lange, bevor er kommt.
Wenn man genug Tren gesehen hat, muss man denselben Weg, den man kam, wieder zurück. Ja, leider ist jetzt ein Anstieg, aber so ist das halt in den Bergen. Nach knapp 500 m steht man auf jeden Fall wieder am **Camí des Rost** (39.770737, 2.690661).

Nun geht es nach rechts weiter den Camí de Rost entlang in Richtung Deia. Gut eine Viertelstunde läuft man nun weiter durch Wald oder Olivenhaine. Dann erreicht man den **Camí de Costelló** (39.771694, 2.685218). Hier biegt man nach links ab und läuft nun wieder in Richtung Sóller zurück. So bieten sich jetzt auch schöne, nicht bahnbezogene Fotomotive.

Nach gut 250 m liegt links das **Hotel Ca's Xorc** (39.770774, 2.686943). Es ist hier etwas teurer, aber die Außenanlage ist wunderschön, genau wie der Ausblick. Und auf dieser Tour ist es die einzige Einkehrmöglichkeit.

Vom Hotel folgt man dem Camí de Costelló weiter leicht talwärts. Nach gut 350 m gabelt sich der Camí. Hier hält man sich links. So erreicht man in 250 m einen Hof. Hier ist auf Karten das **Café Ca'n Gamundi** eingezeichnet (39.768828, 2.690634). Leider hatten wir nicht den Eindruck, dass dieses noch bewirtschaftet ist. Auf jeden Fall muss man sich hier entscheiden, wie man weitergeht.

Man kann **2.4.2 Schnell zurück nach Sóller** gehen. Das sind dann noch 45 min/3 km bis zum Ziel. Wer etwas mehr sehen und laufen will, geht **2.4.3 Am Viadukt zurück**. Man erreicht dann den Bhf. Sóller nach 1,5 h/4,5 km.
Die letzte Möglichkeit ist der Rückweg **2.4.5 Über den Camí Rocafort**. Dieser dauert 1 h/3,5 km.

2.4.2 Schnell zurück nach Sóller
Direkt vom Hof Ca'n Gamundi führt steil ein Weg ins Tal. Dies ist der Camí des Mont-reials. Auf ihm geht es rasant bergab. Nach 450 m hat man die gleichnamige Finca els Mont-reials erreicht. Man steht direkt **hinter der Finca** (39.767781, 2.695853) und läuft links am Zaun entlang.

So gelangt man an die Strecke vom Tren de Sóller, die auf der anderen Seite vor der Finca verläuft. Hier **oben auf der Rampe** (39.768304, 2.696658) holen einen auch diejenigen ein, die die Route 2.4.3 nehmen. Es geht **2.4.4 Weiter von der Rampe**.

2.4.3 Am Viadukt zurück
Vom Hof des Ca'n Gamundi läuft man 15 min weiter den Camí de Costelló entlang. Dann biegt **links eine befestigte unmarkierte Straße** ab (39.762915, 2.693928). Sie führt uns nun talwärts nach Sóller.

 850 m läuft man Serpentinen bergab. Dann zweigt nach einer starken Linkskurve ein **unbefestigter Weg rechts ab** (39.765249, 2.696524). Dieser Weg führt an den Rand der Schlucht des Torrent des Cinc Ponts, welches das Viaducte Cinc Ponts überspannt. Man geht diesen unbefestigten Weg 50 m auf die Schlucht zu. Wenn er beginnt, eine Rechtskurve zu beschreiben, kann man das Viadukt bereits sehen. Von hier heißt es, auf eigene Faust nach links ins Gelände gehen, dann kommt man dicht an das *Viadukt von oben* heran (39.7650909, 2.69707272).

Abstand Bhf. Sóller: 15 Minuten

Es gibt hier keinen Weg mehr, daher geht ab hier jeder auf eigene Gefahr querfeldein. Aufpassen, hier können Tiere weiden. Auch der Boden ist nicht immer sicher. Vom Weg sind es noch ungefähr 50 m durch das Gelände bis an das Viadukt. Diesen Weg muss man auch zurückgehen! So läuft man dann irgendwann wieder den unbefestigten Weg entlang auf die kleine Straße. Dann geht es auf ihr weiter talwärts. Nach 100 m in einer Rechtskurve kann man, je nach Bewuchs, mit etwas Glück rechts einen Blick auf die Strecke und das Viadukt erhaschen. 30 m hinter der Kurve überquert man das Palmaseitige Portal von Tunnel 9. Weitere 30 m weiter **zweigt links der Weg** ab (39.766894, 2.697227), der uns nach Sóller zurückführt.

Hält man sich an diesem Abzweig rechts immer die Straße entlang, kommt man nach 400 m an das *Viadukt von unten*. (39.765086, 2.698083). Wer die  Zeit hat, kann diesen Umweg machen, man muss aber wieder hierher zurückkommen. Dieser Weg wird aber in Route 3 auch nochmal gewandert.

Abstand Bhf. Sóller: 15 Minuten

Auf jeden Fall biegt man nun nach links nach Sóller ab. 60 m hinter dem Abzweig steht man quasi auf dem Sóllerseitigen Portal von Tunnel 9. Wenige Meter weiter erreicht man das Grundstück der Finca els Mont-reials.

Man läuft um die Finca herum und erreicht so nach ca. 250 m den **Camí des Mont-reials** (39.767781, 2.695853). Hier hält man sich weiter rechts am Zaun der Finca entlang. Plötzlich steht man, etwas oberhalb der Strecke des Tren, **oben auf einer Rampe** (39.768304, 2.696658). Ab hier läuft man mit allen, die direkt nach Sóller gingen, **2.4.4 Weiter von der Rampe** in Richtung Sóller.

2.4.4 Von der Rampe nach Sóller

Hier auf der _Rampe_ (39.768311, 2.69664) hat man eine schöne Sicht auf die Strecke des Tren.

Abstand Bhf. Sóller: 10 Minuten

Direkt vor einem liegt eine schöne gerade Strecke. Rechts sieht man das Sóllerseitige Portal von Tunnel 9. Wenn man links daneben neben den Berg schaut, kann man das Viaducte Cinc Ponts erkennen. Außerdem hat man eine schöne Aussicht auf Sóller selbst.

Am Fuß der Rampe überquert man die Gleise und kann dann von dort rechts das Palmaseitige Portal des Kehrtunnels Cinc Cents und links das Sóllerseitige Portal von Tunnel 9 sehen.

Tipp: Es sind nur 150 m von diesem Bahnübergang bis zum nächsten Kreuzungspunkt mit der Bahn. Sobald der Zug nach Sóller im Kehrtunnel verschwunden ist, schnell die 150 m den Camí weiter bergab laufen und man steht auf Tunnel 11.

Man geht also vom Bahnübergang weiter talwärts den Camí entlang. Nach gut 100 m erreicht man den Camí des Rost, den man heute früh aufstieg. Nach weiteren 50 m, die man den Camí des Rost nach rechts bergab geht, erreicht man eine Rechtskurve. Hier biegt links ein kleiner Pfad direkt auf das Portal von _Tunnel 11_ ab (39.768899, 2.698212).

Abstand Bhf. Sóller: 5 Minuten

Hier vom Tunnel 11 läuft man nun immer geradeaus den Weg talwärts. Dabei passiert man erst den Camí des Rost. Dieser geht in den Camí de la Costa d'en Llorenc über. Wenn dieser links abbiegt, läuft man auf dem Camí de Son Pons weiter. Nach ungefähr 20 min meist sanften Abstiegs erreicht man die Ma-11. Man überquert sie und geht auf der anderen Straßenseite weiter den Camí de Son Pons talwärts. Nach 180 m erreicht man die **Carrer Isabel II** (39.762507,  2.711214). Ihr folgt man bis ans  Ende der Straße nach links. Nachdem sie einen kleinen Rechtsknick macht, hat man die Plaça d'Espanya erreicht. Schräg rechts über den Platz liegt der ***Bahnhof Sóller*** (39.765043, 2.715091), man ist also am Ziel der Wanderung angekommen.

2.4.5 Über den Camí Rocafort zurück

Vom Hof des Ca'n Gamundi läuft man ca. 30 min weiter den Camí de Costelló entlang. Dann biegt **links der Camí de Rocafort** ab (39.762639, 2.699968). Diesem folgt man und es geht ab nun bergab. Vor einem liegt Sóller. Nach knapp 100 m beginnt eine starke Rechtskurve. Von dieser ***Stelle*** (39.763007, 2.700909) kann man, je nach Bewuchs, das Viaducte Cinc Ponts sehen.

Abstand Bhf. Sóller: 15 Minuten

Man muss links suchen, um es zu erspähen, aber es ist nicht ganz leicht zu finden. Doch man sollte nicht zu lange suchen. In 250 m erreicht man einen anderen, ebenfalls lohnenden Fotopunkt. Also läuft man die 4 min weiter bergauf den Camí entlang. Wenn man den Hang hinabsieht, sieht man manchmal schon ein bisschen Strecke oder rechts im Tal sogar den Bahnhof.

 Dann überquert man auf einer *Brücke* (39.76117, 2.701991) direkt die Strecke des Tren.

Abstand Bhf. Sóller: 15 Minuten
(Abstand Bhf. Mirador del Pujol d'en Banya: 2 Minuten)
Abstand Bhf. Bunyola: 15 Minuten

Hier kann man schön auf die Strecke schauen. Vom Abgang der Brücke in Richtung Sóller kann man das Palmaseitige Portal von Tunnel 8 sehen. Das ergibt schöne Fotomotive. Außerdem kann man von diesem Abgang auch die untere Ebene des Tren de Sóller sehen. Mit einer guten Kamera kann man sogar das rege Treiben im Bahnhof Sóller filmen oder fotografieren.
Wenn man hier alles gesehen hat, geht man weiter den Camí bergab. 350 m hinter der Brücke wird aus dem Wanderweg eine Straße, der man weiter nach links talwärts folgt. Weitere 75 m (also insgesamt nicht einmal 10 min nach dem Start an der Brücke) erreicht man einen *Bahnübergang* (39.765237, 2.70481).

 **Abstand Bhf. Sóller: 2 - 3 Minuten**

Genau genommen sind es zwei, einer für die Fußgänger und einer ein paar Meter daneben für Autos. Man hat hier viel Platz, um links und rechts auf die Strecke zu sehen und den Tren zu beobachten. Bis zum Ziel am Bhf. Sóller ist es nur noch knapp eine halbe Stunde, da kann man sich eine ausführliche Fotopause leisten.
Wenn man genug gesehen hat, geht man die kleine Straße weiter bergab. Nach 150 m endet sie auf dem Camí de Son Pons. Diesem folgt man nach rechts und hält sich dann geradeaus. Nach ungefähr 400 m jetzt sanften Abstiegs erreicht man die Ma-11. Man überquert sie und geht auf der anderen Straßenseite weiter den Camí de Son Pons weiter talwärts. Nach 180 m erreicht man die **Carrer Isabel II** (39.762507, 2.711214). Ihr folgt man bis ans Ende der Straße nach links. Nachdem sie einen kleinen Rechtsknick macht, hat man die Plaça d'Espanya erreicht.

 Schräg rechts über den Platz liegt der **_Bahnhof Sóller_** (39.765043, 2.715091), man ist also am Ziel der Wanderung angekommen.

Brücke des Camí de Rocafort über den Tren de Sóller mit Blick über Sóller.

Oben: Die Brücke des Camí de Rocafort über den Tren de Sóller,
Blick durch das „Brückengeländer" auf die Strecke.
Mitte: Der Zug aus Palma kommt.
Unten: Der Zug aus Sóller hat eben den Tunnel 8 verlassen.

3   Zum Viaducte de Cinc Ponts

3.1   Daten zur Tour

Start:
Bhf. Sóller
(39.765043,

Ende:
Bhf. Sóller
2.715091)

Tourlänge:	7 km
Laufzeit:	2,5 Stunden
Gaststätten:	keine direkt am Weg
Besonderheiten:	schöne Aussicht auf Sóller
Schwierigkeiten:	ein bisschen querfeldein für schöne Fotos
Tipp:	Fotoausrüstung einpacken
Kreuzungspunkte Bahn:	4
Aussichten auf die Bahn:	ca. 10

3.2   Route Kurzbeschreibung

Sóller, Plaça d'Espanya – Carrer Isabel II – Camí de Son Pons – Camí de la Costa d'en Llorenc – Camí des Rost – **Tunnel 11** – Camí des Mont-reials – **Tunnel 9** – **Viadukt** – befestigter Weg – Camí de Costello – Camí de Rocafort – **Brücke** – Camí de Rocafort – **Bahnübergang** – Camí de Rocafort – Camí de la Costa d'en Llorenc – Carrer del Capità Angelats – Plaça de la Constitució – Plaça d'Espanya

3.3 Karte zur Tour

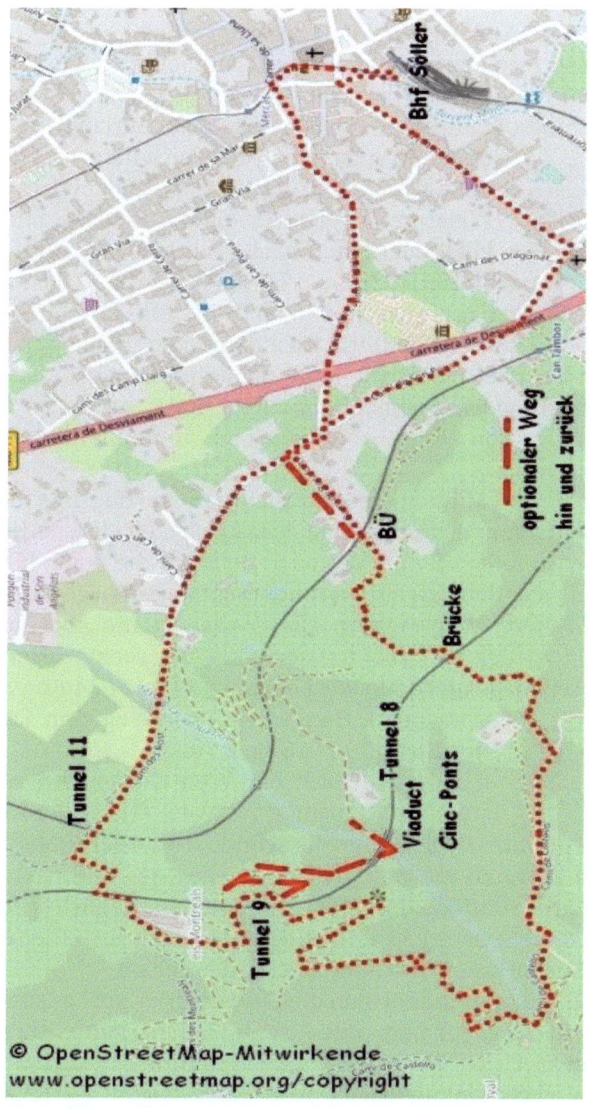

3.4 Route im Detail

3.4.1 Aufstieg zur Finca els Mont-reials

Diese Tour startet natürlich am Bahnhof in Sóller. Vom Bahnhofsvorplatz, der Plaça d'Espanya, geht es in Richtung Stadt. Man läuft die linke Seite entlang. An der ersten Kreuzung hält man sich links und folgt der Carrer Isabel II. Die Straße geht eine ganze Weile geradeaus. An einem scharfen Linksknick biegt man nach rechts in den **Camí de Son Pons** ab (39.762507, 2.711214). Am Ende des kleinen Aufstiegs erreicht man die **Ma-11** (39.763266, 2.709369). Nachdem man die  Ma-11 überquert hat, folgt man ihr einige Schritte nach rechts. Dann biegt links der Camí de Son Pons ab, auf welchem die Route links weitergeht.

Nach 2 - 3 Minuten mäßigt sich der Anstieg und bald kommt von rechts der Camí de la Costa d'en Llorenc. Kurz danach teilt sich der Weg nach Deià und die Route führt, mal nicht den bergauf führenden, sondern den geradeaus führenden Weg entlang. Dieser steigt dann aber auch bald wieder an. Dabei passiert man eine rechts liegende Hotelanlage und dann wird es ruhiger und die Autos verschwinden. Hier wird unser Weg zum **Camí**  **des Rost** (39.767834, 2.702307). Unmittelbar danach teilt sich der Weg wieder und wird steiniger. Der linke Abzweig führt allerdings auf privates Gelände und die Schilder raten vom unbefugten Betreten ab. Man geht also geradeaus und passiert mehrere Gatter. Links und rechts weiden friedlich Schafe. Man sieht sie nicht unbedingt, aber hört ihre Glocken. Langsam hat man schöne Blicke über Sóller.

Gut 300 m nachdem man die Straße verlassen hat, macht unser Weg, der Camí des Rost, einige markante Kurven und steigt wieder stärker an. Erst geht es fast rechtwinklig nach links, dann folgt  eine langgezogene Rechtskurve und an deren Ende geht es wieder in eine Linkskurve über. In dieser langen Linkskurve überqueren wir *Tunnel 11* (39.768899, 2.698212).

Man kann von der Kurve aus die Bahnstrecke sehen. Ein kleiner Trampelpfad führt quasi auf das Portal hinauf. Hier kann man schön den Tren de Sóller beobachten. Dabei ist aber Vorsicht angesagt, denn man steht direkt über dem Tunnelportal von Tunnel 11. Ein kleiner Zaun sichert die Flanken, denn der Abstieg auf die Strecke erscheint sehr steil und nicht empfehlenswert.

Abstand Bhf. Sóller: 5 Minuten

Kommt demnächst ein Zug aus Richtung Palma (15 Minuten oder mehr), würde ich empfehlen, weiterzugehen und weiter oben zu warten.

Es folgen nun in dichter Folge zahlreiche interessante Fotostopps. Ich habe versucht, sie in einer Skizze auf der folgenden Seite darzustellen, damit man sich besser eine Vorstellung davon machen kann.
Die Stelle hier an Tunnel 11 habe ich mit Nr. 1 markiert.

Zeitlicher Abstand der Züge zum Bahnhof Sóller:
1. *Tunnel 11*
   Abstand Bhf. Sóller: 5 Minuten
2. *Tunnel 10 (rechts)/BÜ/Tunnel 9 (links)*
   Abstand Bhf. Sóller: 10 Minuten
3. *Rampe oben – Blick auf Tunnel 9 u. Viaducte de Cinc Ponts*
   Abstand Bhf. Sóller: 10 Minuten
4. *Tunnel 9 direkt am Portal*
   Abstand Bhf. Sóller: 10 Minuten
5. *Unter dem Viaducte de Cinc Ponts*
   Abstand Bhf. Sóller: 15 Minuten
6. *Oberhalb des Viaducte de Cinc Ponts*
   Abstand Bhf. Sóller: 15 Minuten
7. *Noch weiter oberhalb des Viaducte de Cinc Ponts*
   Abstand Bhf. Sóller: 15 Minuten

Zwischen den Fotopunkten gibt es ungefähr folgende Zeiten und Entfernungen zu beachten, die zurückgelegt werden müssen:
1 zu 2 – 150 m, 3 min
2 zu 3 – unter 50 m
3 zu 4 – 600 m, 15 min
4 zu 5 – 300 m, 7 min
5 zu 6 – 650 m, 15 min
6 zu 7 – 250 m, 6 min

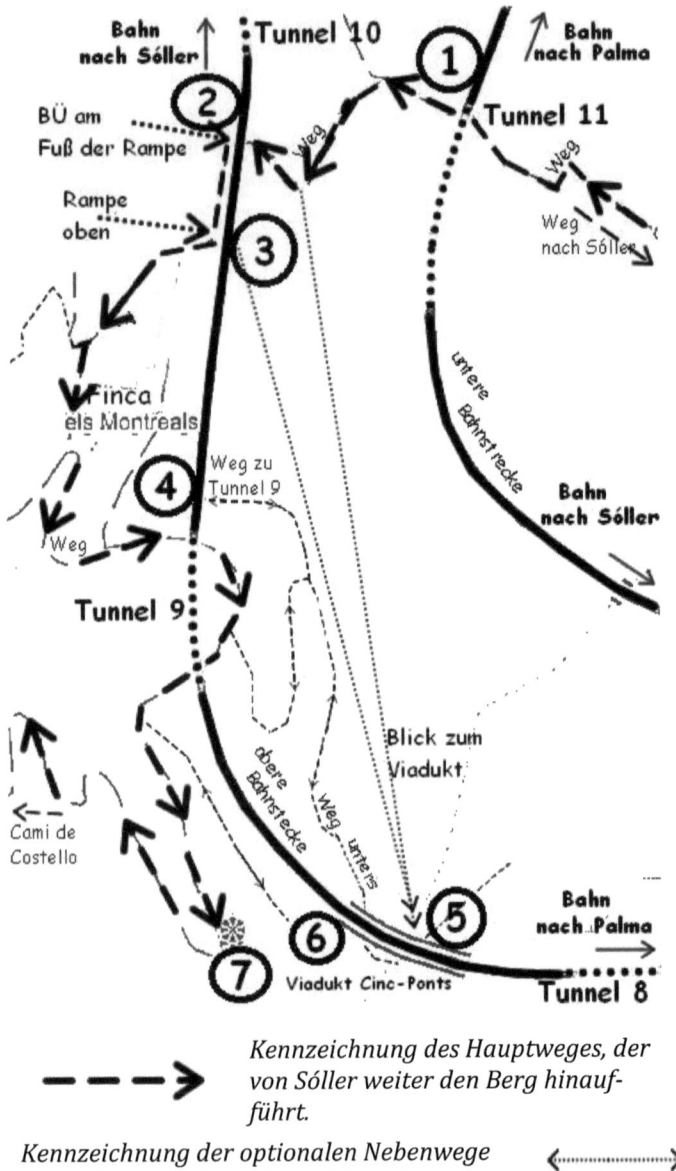

Kennzeichnung des Hauptweges, der
von Sóller weiter den Berg hinauf-
führt.

Kennzeichnung der optionalen Nebenwege
unter das Viadukt, zu Tunnel 9 und
an das Viadukt, diese muss man hin- und zurücklaufen.

Man steht jetzt also an Fotostopp 1, am Portal des Tunnels 11.

Abstand Bhf. Sóller: 5 Minuten

Zum Fotostopp 2 geht es weiter bergauf. Nach wenigen Metern steht man erneut an einem Abzweig. Diesmal  **geht es links entlang** (39.769051, 2.697720). Der Camí des Mont-reials führt einige Meter eben nach links. Dann macht er eine 180 Grad Kehre nach rechts den Berg hinauf. Hier empfehle ich, wenn man Zeit hat, am Scheitelpunkt der Kurve bis zur ersten verwitterten Terrassenstufe geradeaus weiterzugehen. Wer nun geradewegs ins Grüne späht, kann das etwas versteckte Viaducte de Cinc Ponts entdecken.

Kehrt man auf den Weg zurück und geht ihn weiter bergauf, erreicht man sehr schnell den Bahnübergang unterhalb der Finca els Mont-reials. Hier liegt Fotopunkt 2. Der Weg zwischen den Punkten ist nur gut 170 m lang. Aber sowohl die Steigung als auch der steinige Weg machen es schwierig, hier schnell zu sein, seid bitte vorsichtig.

Hier an Fotostopp 2 kann man rechts das obere (Palmaseitige) Portal des Kehrtunnels Cinc-Cents (Tunnel 10) sehen. Links sieht man das Portal von Tunnel 9.

Abstand Bhf. Sóller: 10 Minuten

 Man überquert die Bahnstrecke und geht dann die **_Rampe_** (39.768311, 2.69664) empor. Wenn man ihr Ende erreicht, sieht man an Fotostopp 3 nochmal das Portal von Tunnel 9. Weiter links sieht man das Viaducte de Cinc Ponts.

Abstand Bhf. Sóller: 10 - 15 Minuten

Eigentlich sieht man den Fotostopp 4, das Portal von Tunnel 9, schon jetzt. Doch man läuft natürlich nicht einfach an den Gleisen entlang. Verantwortungsbewusst wie man ist, folgt man dem Camí des Mont-reials von der Rampe den Berg hinauf. Dabei läuft man um die gleichnamige Finca herum. Der Camí führt auf eine Straße.

Während der offizielle Wanderweg weiter geradeaus den Berg hinauf führt, geht man auf der Straße nach links weiter um die Finca. Gleich nachdem man einmal um die Finca herum ist, steht man neben dem Haupteingang zur Finca. Wenige Meter weiter befindet man sich oberhalb des Tunnelportals von Tunnel 9. Nun beschreibt der Weg eine 60 m lange Rechtskurve. **An ihrem Ende** (39.766457, 2.696749) muss man wählen.  Zu Tunnel 9 (250 m/5 min) oder unter das Viaducte de Cinc Ponts (400 m/7 min)? Dann heißt es links halten. Den Weg bis zu dieser Kreuzung muss man aber wieder zurück. Oder geht man gleich rechts zu den Fotostopps 6 und 7?

3.4.2 Rund um das Viaducte de Cinc Ponts

3.4.2.1 Unter das Viaducte de Cinc Ponts
Man biegt also an dieser Kreuzung nach links ab. Danach folgt man der kleinen Straße, die eine lange 180 Grad Linkskurve beschreibt. An Ihrem Ende beginnt eine enge Rechtskurve, in der ein Weg nach links abzweigt. Diesem linken Weg folgend, erreicht man nach 60 m ein Gatter, hinter dem sich die Bahnstrecke und das Portal von *Tunnel 9* (39.767068, 2.696532), also der Fotostopp 4, befindet.

Abstand Bhf. Sóller: 10 - 15 Minuten

Zum Viaducte folgt man der Straße nach rechts den Berg hinab. Nach knapp 200 m steht man dann unter dem *Viaducte de Cinc Ponts*, (39.765086, 2.698083) bei Fotostopp 5.

 **Abstand Bhf. Sóller: 15 Minuten**

Ich empfehle, ruhig einmal komplett darunter hindurchzugehen. Auf der anderen Seite führt die Straße im rechten Winkel vom Viadukt weg, wodurch man eine gute Sicht auf das Bauwerk erhält.
Wenn man genug gesehen hat, geht es den Weg wieder zurück. Entweder nochmal zu Fotostopp 4 bei Tunnel 9

oder um die scharfe Kurve, die jetzt eine Linkskurve ist und dann um die lange Rechtskurve. Dann steht man wieder am **Abzweig des Weges** (39.766457, 2.696749), der oberhalb von Tunnel 9 liegt.

3.4.2.2 Oberhalb des Viaducte de Cinc Ponts

Wenn man bei Fotostopp 5 (unterhalb des Viaducte) war, hält man sich an dieser Kreuzung nun links und folgt der Straße bergauf.

Hat man diesen Umweg nicht genommen, geht es rechts der Straße folgend nach oben weiter. Dabei durchquert man ein altes Tor bzw. Gatter und sieht rechts am Hang ein verfallenes Gebäude. In dieser Kurve kann man, je nach Bewuchs, auf der linken Seite die Strecke des Tren oder sogar das Viaducte de Cinc Ponts sehen. Eigentlich steht man nämlich quasi auf dem Palmaseitigen Portal von Tunnel 9. Der Weg führt immer weiter leicht bergauf. Nach gut 150 m **zweigt links ein leicht zugewachsener Weg** ab (39.765249, 2.696524). Diesem verwilderten Weg folgt man bis an sein Ende und erreicht so fast den Fotopunkt 6.

Am Ende des Weges hat man schon eine Aussicht, aber wenn man sich jetzt links über die Terrassen nach unten bewegt, kommt man noch dichter an die Strecke und das ***Viadukt von oben*** (39.7650909, 2.69707272) heran. Achtung, der hier eingefügte Geopunkt führt in unbefestigtes Gelände und relativ dicht an  die Bahn. Das Nutzen erfolgt auf eigenes Risiko!

Man sollte aber extrem vorsichtig sein. Erstens laufen dort eventuell Schafe oder andere Tiere herum, zweitens sind die Terrassen teilweise stark verfallen und es geht dann auch steil ins Tal hinab, welches vom Viadukt überspannt wird. Aber es gibt schöne Stellen zum Fotografieren.

Abstand Bhf. Sóller: 15 Minuten

Das Beste ist, wenn ein Zug aus Richtung Sóller kommt, dann dauert es meist nur 10 - 20 min, bis ein zweiter Zug, diesmal aus Richtung Palma, kommt. Je nachdem, ob eine Zugkreuzung beim Mirador oder in Bunyola stattfand. Irgendwann muss man sich aber aufraffen und weitergehen. Dazu geht man wieder zum zugewachsenen Weg zurück und läuft diesen wieder zurück, bis man den Weg erreicht, der links nach oben führt. Ungefähr 100 m folgt man diesem Weg nun leicht bergauf, dann beginnt wieder eine starke Rechtskurve. Für diese Stelle ist in der Karte ein Aussichtspunkt eingezeichnet, es ist Fotostopp 7, der letzte für diesen Wegabschnitt.

Abstand Bhf. Sóller: 15 Minuten

Noch einmal sieht man das Viadukt. Nun folgen Serpentinen, die uns immer weiter von der Bahn wegführen. Bei Gabelungen halten wir uns immer links.

3.4.3 Abstieg über den Camí de Rocafort

Nach knapp 500 m, man hat gerade ein längeres gerades Wegstück absolviert, sieht man noch einmal den Abschnitt zwischen Tunnel 8 und dem Viadukt. Von hier sieht der Tren de Sóller aus wie eine Modellbahn. Nun geht es steil hinauf. Aber nach einer weiteren Viertelstunde erreicht man den **Camí de Costelló** (39.762915, 2.693928). Der Wanderweg ist markiert und unser Weg endet hier. Nach rechts geht es nach Deià oder im Bogen nach Sóller zu Fotostopp 3 zurück (siehe Route 1.3 und Route 1.6).

Wer hier wirklich variieren will, geht 10 Minuten nach rechts in Richtung Deià. Dann erreicht man das Gehöft Ca'n Gamundi. Ab dort führt die Route 1 in mehreren Varianten zurück.

Die Route 3 führt aber ab hier, parallel zur Route 2, nach links, ebenfalls nach Sóller. Etwas mehr als 500 m geht man dazu nun den gut ausgebauten relativ ebenen Camí entlang. Dann zeigt ein Wegweiser an, dass **links ein Weg nach Sóller** (39.762639, 2.699968) den Camí de Rocafort hinab führt. Dabei läuft man in Serpentinen immer am Zaun eines Grundstücks entlang. Wenn man nach links über das Grundstück blickt, sieht man in der Ferne die

Finca els Mont-reials und die davor verlaufende Eisenbahnstrecke. An **_einer scharfen Rechtskurve_** (39.763007, 2.700909) sieht man die Finca (links), unter sich die untere Ebene der Bahnstrecke, rechts in der Ferne den Bahnhof von Sóller und rechts  im lichten Wald den oberen Teil der Bahnstrecke kurz vor Tunnel 7.

Je nach Bewuchs kann man auch das Viaducte erahnen. Nur 250 m ist man nun noch vom nächsten Fotostopp entfernt. Also geht man die 3 - 4 min bergab, dann steht man auf einer **_kleinen Brücke über die Eisenbahn_** (39.764117, 2.701991). Links  (Richtung Sóller) sieht man den Tunnel 8. Hinter ihm liegt das Viaducte de Cinc Ponts. Rechts (Richtung Palma), aber nicht mehr für uns sichtbar, liegt Tunnel 7 und dahinter der Aussichtsbahnhof Mirador del Pujol d'en Banya.

Abstand Bhf. Sóller: 15 Minuten
Abstand Bhf. Mirador del Pujol d'en Banya: 2 Min.
Abstand Bhf. Bunyola: 15 Minuten

Auch von hier kann man in den Bahnhof Sóller hineinschauen. Mit guter Optik kann man sehen, wie der Zug abfährt oder ankommt. Den Fahrgästen kann man beim Umsteigen in die Tranvía zuschauen. Man kann die Abfahrt bzw. die Pfiffe sogar hören. Wenn man genau den Hang unter sich absucht, sieht man auch die untere Ebene des Tren, die man auf dem weiteren Weg dann auch noch passiert. Mir fiel es schwer, hier weiterzuge-

 hen, aber irgendwann muss man. Es geht über die Brücke und dann weiter den Camí bergab. Nach einigem Zickzack erreicht man eine Straße, auf der es noch 80 m weiter bergab geht. Dann hat man den letzten Kreuzungspunkt mit dem Tren de Sóller, einen **_Bahnübergang_** (39.765237, 2.70481), erreicht. Der Übergang liegt zwischen Tunnel 12 (links, Richtung Palma) und Tunnel 13 (rechts, Richtung Sóller).

Abstand Bhf. Sóller: 2 - 3 Minuten

Wenn man möchte, kann man hier schön an der Strecke sitzen und warten. Bis zum Ziel, dem Bhf. Sóller, sind es nur noch knapp 30 min.

Um die Tour abzuschließen, geht man über die Bahn und weiter den Camí de Rocafort bergab. Am Ende des Camí hält man sich rechts und folgt nun dem Camí de Son Pons nach rechts, den man heute früh schon entlang ging.

Wenn man die Ma-11 schon sehen kann, ungefähr 40 m bevor man sie überqueren muss, steht rechts noch ein Haus. **Vor ihm biegt rechts** (39.763657, 2.708953) der Camí de sa

Cometa ab. Im Prinzip ist das nur eine breite Treppe mit  einer Fahrspur für Kinderwagen. Geht man diesen Camí für gut 40 m bergauf, überquert man die Strecke des Tren de Sóller noch einmal. Dabei kann man rechts in Richtung des Bahnübergangs am Camí de Rocafort sehen. Links liegt einem der **_Haltepunkt Can Tambor_** „zu Füßen", der für den Ausstieg von Touristenzügen genutzt wurde.

Abstand Bhf. Sóller: 1 - 2 Minuten

Direkt dahinter sieht man das Portal von Tunnel 13, dem letzten Tunnel, bevor der Zug den Endpunkt Sóller erreicht. Der Haltepunkt an sich ist in seiner Betonbauweise nicht sehr sehenswert, aber vielleicht gelingt ein schönes Foto vom Zug.

Wie auch immer, um weiterzukommen, muss man wieder den kleinen Camí zurückgehen. Am Ende geht es noch 40 m nach rechts, dann überquert man die Ma-11 und läuft weiter auf dem Camí de Son Pons, bis man die Carrer Isabel II erreicht, an der der Camí endet.  Nun geht es die Carrer nach **links entlang** (39.762507, 2.711214). Nach gut 400 m macht die Straße einen scharfen Rechtsknick. Danach steht man wieder an der Plaça d'Espanya. Rechts liegt der **_Bahnhof Sóller_** (39.765043, 2.715091), das Ziel dieser Tour.

Bilder

Abb. 1:
Die Tranvía ist gerade in Port de Sóller angekommen.
Von hier fährt man zurück zum Bahnhof Sóller.

Abb. 2:
Der Zug verlässt Tunnel 11. Er kommt gerade aus Sóller.

Abb. 3: Der Tren de Sóller aus Sóller befährt das Viaducte de Cinc Ponts.

Abb. 4: Der Tren de Sóller aus Palma fährt über das Viaducte de Cinc Ponts.

Abb. 5:
Tunnel 5,
man kann
durch ihn
den Zug aus
Palma kom-
men sehen

Abb. 6:
Tunnel 13, der Zug
aus Palma verlässt
den Tunnel und hat
den Bhf. Sóller fast
erreicht.

Abb. 7:
Minidrehscheibe

Abb. 8:
moderne Gleis-
baumaschine

Abb. 9:
Wasserwagen

Abb. 10:
Weiche mit
Richtungsanzeiger

66

Abb. 11:
Die Tranvía fährt über die Promenade von Port de Sóller.

Abb. 12:   Gute Nacht
Ruhe kehrt ein im Bahnhof von Sóller. Die vorletzte Tranvía
wird ins Depot geschoben. Eine fährt nochmal nach Port de
Sóller und zurück. Zuvor muss aber noch der letzte Tren de
Sóller aus Palma eintreffen

4 Zu den Quellen von Sóller

4.1 Daten zur Tour

Start:
Bhf. Sóller
(39.765043,

Ende:
Bhf. Sóller
2.715091)

Tourlänge:	4,5 km
Laufzeit:	1,5 Stunden
Gaststätten:	keine
Besonderheiten:	Aussicht auf Sóller
Schwierigkeiten:	keine
Tipp:	Teleobjektiv einpacken
Kreuzungspunkte Bahn:	1
Aussichten auf die Bahn:	3

Wer eine gute Fotoausrüstung mit leistungsstarker Optik, Teleobjektiv usw. hat, der sollte heute alles mitnehmen. Es bieten sich wunderschöne Motive der Bahn, allerdings etwas entfernt oder versteckt.

4.2 Route Kurzbeschreibung
Sóller, Plaça d'Espanya – Carrer Isabel II – Carrer del Germa Bianor – Camí vell de Palma – Camí de Can Pentinat – **Bahnübergang** – Camí de la Font de s'Olla – unbefestigte Wege – **Aussicht de ses Tres Creus** – Camí de ses Tres Creus – Friedhof – Camí de sa Coma – Carrer de Pau Noguera – Carrer de Pastor – Carrer Reial – Carrer Castanyer - Sóller, Plaça d'Espanya

4.3   Karte zur Tour

4.4 Route im Detail

4.4.1 Unterwegs zu den Quellen

Die Route startet am Bahnhof in Sóller. Es geht über den Bahnhofsvorplatz und dann nach links in die Carrer Isabel II. Kurz bevor sie den scharfen Linksknick macht, biegt man **links in die Carrer del Germa Bianor** ab (39.762771, 2.711448).
Sofort wird es etwas ruhiger. An der ersten Möglichkeit biegt man rechts ein, um wenige Meter später wieder links in den Camí Vell de Palma einzubiegen. Dieser Straße folgt man bis zur nächsten Kreuzung und verlässt sie nach **links in den Camí de Can Pentinat** (39.761398, 2.711716). Nur noch wenige Meter sind nötig, um endlich das Ziel der Begierde zu erreichen.

Man überquert eine Brücke und biegt dann rechts in den Camí de la Font de s'Olla ein. Unmittelbar danach steht man auf einem _**Bahnübergang**_ (39.761339, 2.712394). Links kommt die Bahn vom Bahnhof Sóller. Rechts
kommt die Bahn aus Richtung Palma und hat wenige Meter vor dem Übergang den letzten Tunnel - Tunnel 13 - verlassen.

Abstand Bhf. Sóller: 1 - 2 Minuten

Hier kann man schöne Bilder machen und kommt dabei auch wieder ganz dicht heran. Hier zu warten hat sich für mich gelohnt.

Es gibt von hier übrigens nicht nur den Blick direkt auf Tunnel und Bahnübergang. Wer über dem Tunnelportal den Hang des dahinterliegenden Berges aufmerksam absucht, wird den Haltepunkt Mirador del Pujol d'en Banya entdecken.

Abstand Bhf. Sóller: 15 Minuten

An diesem Haltepunkt halten besonders die Touristenzüge (tren turístico/tren privado), um den Reisenden das schöne Panorama von Sóller zu zeigen. Mit guter Fototechnik kann man die Züge im Haltepunkt auch gut fotografieren.

Vom Bahnübergang folgt man weiter dem Camí de la Font de s'Olla und geht ihn bis ans Ende. Hier gibt es eine  **kleine Pforte** (39.758602, 2.712177, ungefähre Lage) zwischen zwei Grundstückszufahrten (rechts von Can Gomila), die einen Zugang zu einem schmalen Pfad eröffnet. Dieser Pfad führt einen an der Wasserrinne direkt bis zu der Quelle Font de na Lladonera. Dort überquert man den meist trockenen Bach nach rechts und läuft an ihm entlang. Bald sieht man links die eingezäunten Höhlenquellen von Font de S'Olla.

Als wir hier waren, war der Pfad jedoch so zugewuchert, dass wir die wenigen hundert Meter nicht bis zum Ziel zurücklegten.

Alles in allem muss man den Weg durch das Gatter wieder zurück auf die Straße.

4.4.2 Aufstieg zur Aussicht

Es geht wieder zurück auf den Camí und nach knapp 60 m, wenn man wieder auf der Straße ist, **geht rechts ein Abzweig den Berg** hinauf (am Briefkasten steht Camí de Can Carrio) (39.759084, 2.712467). Hier geht man entlang. Aus der Straße wird schnell ein kleiner Fußweg und dieser ist gut steil. Abhängig von der Vegetation kann man immer wieder versuchen, auf der anderen Seite des Tals die Bahn zu sehen. Es sind eigentlich nur 250 m Luftlinie, die uns von ihr trennen. Man steigt jetzt gut eine halbe Stunde mehr oder weniger immer weiter auf und folgt dabei der Richtung Ses Tres Creus. Wenn man diesen Kilometer (nur 1 Kilometer??? – echt, so hat sich das aber nicht angefühlt!) – geschafft hat, steht man hoch oben auf einem *__Aussichtspunkt__* (39.7586, 2.715685).  Dieser liegt oberhalb des Denkmals der drei Kreuze. Man hat von hier eine relativ freie Sicht über ganz Sóller. Auch den Hang mit der Finca els Mont-reials und dem Viadukt hat man im Blick, genau wie

71

den Bahnhof. Mit guter Fototechnik kann man hier wunderbar zusehen, wie die Bahn den Hang vom Viadukt aus nach Sóller hinab- oder nach Palma hinauffährt. Irgendwann muss man (leider) weiter. Dazu geht man am besten die Stufen hinab, das kürzt den Weg etwas ab.

4.4.3 Abstieg nach Sóller

Vom Denkmal aus führt uns die Route dann auf Straße, den Camí de ses Tres Creus, langsam aber stetig hinab in Richtung Sóller.
In der ersten *scharfen Rechtskurve* (39.759416, 2.715192) sollte man aber nochmal eine Rast einlegen. Von hier kann man wunderbar in den Bahnhof blicken. Besitzer guter Fotoapparate sind auch hier wieder im Vorteil, aber selbst mit meinem Handy gelangen mir ein paar schöne Fotos. Man kann auch immer wieder in Richtung Mirador (Haltepunkt Aussichtspunkt) sehen, ob sich dort etwas tut und man es zu einem schönen Bild machen kann.
Gut 2,5 km schlängelt sich die Straße vom Denkmal nach unten. Es gibt eine kleine, aber sehr steile und ausgetretene Abkürzung, die ich jedoch nicht genommen habe. Dann erreicht man den Friedhof. Hier lohnt sich der Besuch. Es gibt viele sehr schöne und auch ältere Grabstätten, die auch zeigen, dass Sóller keine arme Gegend war und ist.
Nun geht es wieder in den Ort. Erst über den Camí de sa Coma, dann links auf die Carrer de Pau Noguera. An deren Ende biegt man links in die Carrer de Pastor und an deren Ende, mit einer Rechts-Linkskombination, in die **Carrer Castanyer** (39.765336, 2.715605). Durch sie kommt

man direkt auf den Bahnhofsvorplatz. Hier, am *Bahnhof Sóller* (39.765043, 2.715091), endet unsere Tour wieder.

Das Portal des Bahnhofs von Sóller. Beeindruckend, so wie das gesamte Gebäude, welches auch die Verwaltung der Ferrocarril de Sóller beherbergt.

5 Oberhalb des Mirador del Pujol d'en Banya

5.1 Daten zur Tour

Start:	Ende:
Bhf. Sóller	Bhf. Sóller
(39.765043,	2.715091)
Tourlänge:	6 km
Laufzeit:	2,5 Stunden
Gaststätten:	keine
Besonderheiten:	Aussichten auf Sóller
Schwierigkeiten:	1 starker Anstieg
Tipp:	Teleobjektiv einpacken
Kreuzungspunkte Bahn:	5
Aussichten auf die Bahn:	6
Start:	ca. 9:30 Uhr
Zugverkehr:	siehe Text
Abstand zum Bhf.:	siehe Text

5.2 Route Kurzbeschreibung

Sóller, Plaça d'Espanya - Carrer Isabel II – Camí de Son Pons – Camí de Rocafort – **BÜ** – Camí de Rocafort – **Brücke Camí de Rocafort** – Camí de Costelló – Pujol d'en Banya – Camí de Costelló – befestigte Straße – **BÜ Tunnel 5** – Camí de Costelló – **Tunnel 5** – Camí de Costelló – Camí vell de Ciutat – Ma-11 – Treppe – Camí vell de Palma – Camí de can Pentinat – **BÜ** – Camí de sa Torrentera – Camí des Fossaret – Carrer de Joan Marques Arbona – Carrer de Reial – Carrer Castanyer – Sóller, Plaça d'Espanya

5.3   Karte zur Tour

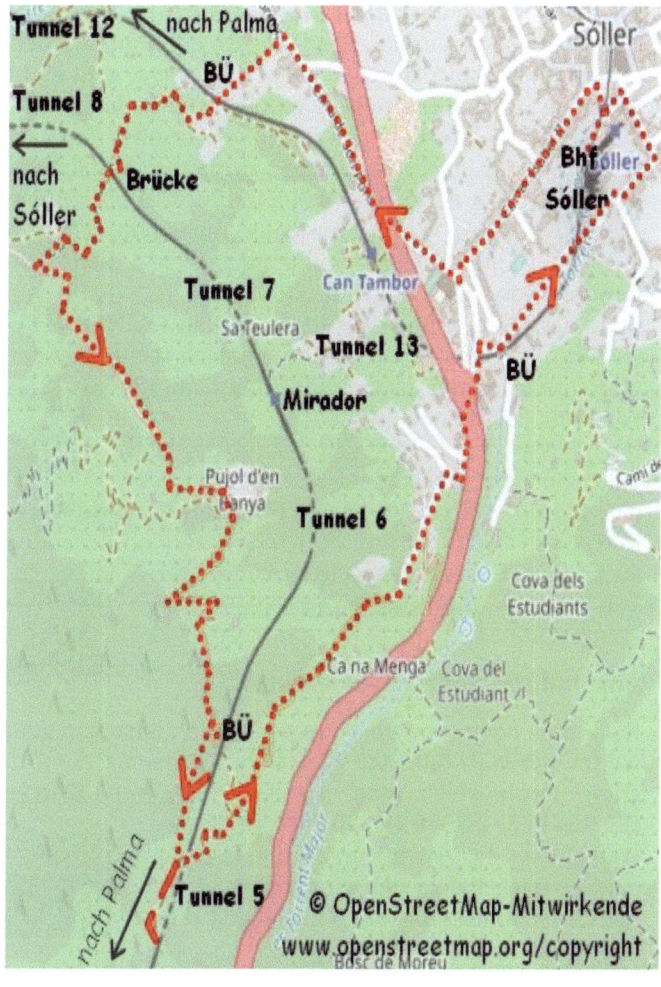

5.4 Route im Detail

5.4.1 Aufstieg über den Camí Rocafort

Diese Tour startet natürlich wieder am Bahnhof in Sóller. Vom Bahnhofsvorplatz, der Plaça d'Espanya, geht es in Richtung Stadt, allerdings die linke Straße entlang, nicht die, auf der die Straßenbahn nach Port de Sóller fährt. An der ersten Kreuzung hält man sich links und folgt der Carrer Isabel II. Die Straße geht eine ganze Weile geradeaus. An einem scharfen Linksknick kann man nach rechts, **durch die Camí de Son Pons, abkürzen** (39.762507, 2.711214). Am Ende des kleinen Aufstiegs erreicht man die Ma-11. Sie wird direkt überquert und man hält sich rechts. Bei der ersten Gelegenheit geht es links den Camí de Son Pons wieder hinauf.

Nach 5 Minuten mäßigt sich der Anstieg und bald kommt von rechts der Camí de la Costa d'en Llorenc. Nach 60 m zweigt **links der Camí de Rocafort** ab (39.766181, 2.706588). Dieser bergaufführenden Straße folgt man und erreicht so nach knapp 200 m einen ***Bahnübergang*** (39.765237, 2.70481).

Abstand Bhf. Sóller: 2 - 3 Minuten

Nach dem Fotostopp überquert man die Gleise und geht weiter bergauf. Gut eine Viertelstunde dauert der Anstieg. Dann steht man auf einer ***kleinen Brücke*** (39.764117, 2.701991). Rechts (Richtung Sóller) liegt das Portal von Tunnel 8. Links geht es nach Palma und zum Tunnel 7 sowie dem dahinterliegenden Aussichtsbahnhof Mirador del Pujol d'en Banya.

Abstand Bhf. Sóller: 15 Minuten
Abstand Bhf. Mirador del Pujol de'n Banya: 2 Min.

Der Zeitplan würde es zulassen, auf die Züge, die zwischen 10:40 Uhr und 11:15 Uhr hier vorbeikommen, zu warten. Danach geht es erneut 5 Minuten den Berg hinauf. Dabei sollte man sich immer wieder umsehen. Sobald man am **_Zaun eines Grundstücks_** (39.763007, 2.700909) entlang läuft, kann man immer wieder die Strecke des Tren de Sóller vor der Finca els Mont-reials oder am Viaducte de Cinc Ponts sehen.  Auch die untere Ebene am BÜ Camí de Rocafort und der Bahnhof Sóller selbst sind zu sehen. Noch 100 m geht es von hier bergauf, dann ist es „geschafft".

5.4.2 Weiter auf dem Camí de Costelló

Man hat den Camí de Costelló erreicht. Diesem Weg folgt man **nach links** (39.762639, 2.699968). Gute 650 m läuft man auf ungefähr gleicher Höhe entlang.

 Dann hat man den **Aussichtspunkt Pujol d'en Banya** (39.759249, 2.704732) erreicht (oberhalb des Bahnhofs Mirador del Pujol d'en Banya).

Leider sieht man den Bahnhof nicht. Allerdings kann man immer wieder schöne Blicke auf Sóller erhaschen. Zumindest wenn man der Markierung glauben darf, soll man am Aussichtspunkt nicht der Straße talwärts folgen, sondern einen kleinen Pfad an der Seite nehmen. Dieser ist auf 10 m etwas schwierig zu passieren, aber man kommt durch. Nach gut 50 m **wird aus dem Camí de Costelló aber eine Straße** (39.759125, 2.704935), der man nun talwärts folgt.

Nach etwas mehr als 10 Minuten kann man weiter unterhalb bereits einen Bahnübergang und die Strecke des Tren de Sóller erkennen. Ausgerechnet hier, an einer scharfen Linkskurve, biegt der Camí de Costello nach rechts in den Wald ab.

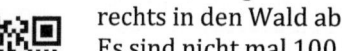 Es sind nicht mal 100 m bis zum **_Bahnübergang_** (39.755096, 2.704939). Diesen Umweg kann man ruhig auf sich nehmen. So geht man also hinunter zur Bahn.

Abstand Bhf. Sóller: 20 Minuten
Abstand Bhf. Bunyola: 10 Minuten

Rechts führt die Strecke nach Palma und man sieht Tunnel 5. Nach links geht es nach Sóller. Interessanterweise ist der Weg hier schnurgerade. So gerade, dass man vom Bahnübergang durch den Tunnel hindurchsehen kann. Gegen 13:00 Uhr konnte ich hier einen Zug nach Sóller erwischen. Dieser war wohl aber nicht ganz im Plan.

5.4.3   Zurück nach Sóller

Nun gilt es, vor dem nächsten Zug Tunnel 5 zu erreichen. Dafür geht man die Straße zurück, bis der Camí de Costello **links in den Wald** abzweigt (39755830, 2.704576).
Diesem folgt man jetzt. Nach ungefähr 10 Minuten kommt der Camí wieder aus dem Wald hinaus und trifft auf den Camí vell de Ciutat. Der ausgeschilderte Weg und die Route führen jetzt nach links die Straße entlang. Dabei läuft man quasi nach 5 m direkt über das Sóllerseitige Portal von ***Tunnel 5*** (39.75348, 2.704077). Man hat einen wunderbaren Blick auf die lange gerade Strecke.

Abstand Bhf. Sóller: 20 Minuten
Abstand Bhf. Bunyola: 10 Minuten

Wenn man an das Palmaseitige Portal des Tunnels möchte, kann man die Straße nach rechts weitergehen. Wenn links das Grundstück nach 150 m endet, kann man ***links bis an die Bahnstrecke*** (39.752114, 2.703334) herangehen, sodass man das Portal von oben sehen kann. Aber die Position ist nicht wirklich schön, da man hier oben auf einem tiefen Einschnitt steht. Insofern kann man diesen Umweg auch gut vernachlässigen. Diese 150 m muss man aber wieder zurück.

Ich habe jedenfalls auf der Sóllerseite des Tunnels gewartet. Planmäßig kommen hier gegen 13:30 Uhr und 14:00 Uhr zwei Züge durch.

Wenn man weitermöchte, geht es den Camí vell de Ciutat weiter bergab. Nach gut 100 m kommt von **links die Straße** (39.754107, 2.705295), die man vom Pujol d'en Banya zum Bahnübergang hinabging. Bis zum Bahnübergang sind es nur 100 m und circa 3 Minuten. Na, nochmal gucken? (Zeiten am BÜ sind

Abstand Bhf. Sóller: 20 Minuten
Abstand Bhf. Bunyola: 10 Minuten)

Die Route führt jedenfalls weiter bergab. Gut 30 Minuten dauert es, bis man die Ma-11 erreicht, dabei läuft man immer Richtung Sóller. Wenn man die Ma-11 erreicht hat, geht man sie bis zum Kreisverkehr weiter links hinab und überquert sie dort. Direkt vom Kreisverkehr führt eine **kleine Treppe hinunter** (39.754107, 2.705295) auf den Camí vell de Palma. Hier hält man sich links. An der ersten Kreuzung biegt man nach rechts in den Camí de Can Pentinat ein. Genau am Ende der kurzen Straße liegt  rechts ein *Bahnübergang* (39.761339, 2.712394). Von dort kann man direkt in das Portal von Tunnel 13 sehen. Hier kann man auch gut auf einen Zug warten.

Abstand Bhf. Sóller: 1 Minute

Oberhalb des Tunnelportals kann man den Mirador del Pujol d'en Banya erkennen. Vielleicht ist auch dort ein Zug erkennbar.

Abstand Bhf. Sóller: 15 Minuten

Die Route führt aber quasi weiter geradeaus auf dem Camí de sa Torrentera parallel zu Torrent Major und der Bahnstrecke weiter. Rechts gehen zwar ab und zu Wege ab, die die Bahn kreuzen, das sind aber meist Grundstücke! Es geht also auf der Straße weiter. Nachdem man die Strecke des Tren de Sóller unter einer Brücke unterquert hat, biegt man nach links in den Camí des Fossaret.

5

Am Ende der Straße biegt man **links in die Carrer de Joan Marques Arbona** (39.763752, 2.715428), um wenige Meter weiter links in die Carrer de Reial abzubiegen.

An der nächsten Möglichkeit biegt man noch-mals **links in die Carrer Castanyer** ab (39.765336, 2.715605). An deren Ende steht man an der Plaça d'Espanya. Unmittelbar

 links von der Stelle, an der man die Plaça be-tritt, liegt der ***Bahnhof Sóller*** (39.765043, 2.715091), das Ziel dieser Tour.

Der Tren de Sóller, aus Palma kommend, verlässt Tunnel 5.

Man steht am Bahnübergang des Camí de la Font de s'Olla. Von hier kann man auf das Sóllerseitige Portal von Tunnel 13 blicken. Etwas weiter über dem Portal am Hang sieht man einen Zug im Haltepunkt Mirador del Pujol d'en Banya stehen.

6 Direkt zum Mirador del Pujol d'en Banya

6.1 Daten zur Tour

Start:		Ende:
Bhf. Sóller		Bhf. Sóller
(39.765043,		2.715091)

Tourlänge:	3 km
Laufzeit:	1,5 Stunden
Gaststätten:	keine
Besonderheiten:	Aussicht auf Sóller
Schwierigkeiten:	starker Anstieg
Tipp:	Fotoausrüstung
Kreuzungspunkte Bahn:	3
Aussichten auf die Bahn:	2
Besonderheiten Bahn:	Zugkreuzungen
Abstand zum Bhf.:	Can Tambor 2 min Bhf. Sóller
	Mirador 15 min Bhf. Sóller

6.2 Route Kurzbeschreibung

Sóller, Plaça d'Espanya - Carrer Isabel II – Camí de Son Pons – Ma-11 – Camí de Cas Carreter – **Can Tabor** – Camí de Cas Carreter – befestigter Weg – **Mirador del Pujol d'en Banya** – Camí de Cas Carreter – Kreisverkehr Ma-11 - Treppe – Camí de can Pentinat – **BÜ** – Camí de sa Torrentera – Camí des Fossaret – Carrer de Joan Marques Arbona – Carrer de Reial – Carrer Castanyer – Sóller, Plaça d'Espanya

6.3   Karte zur Tour

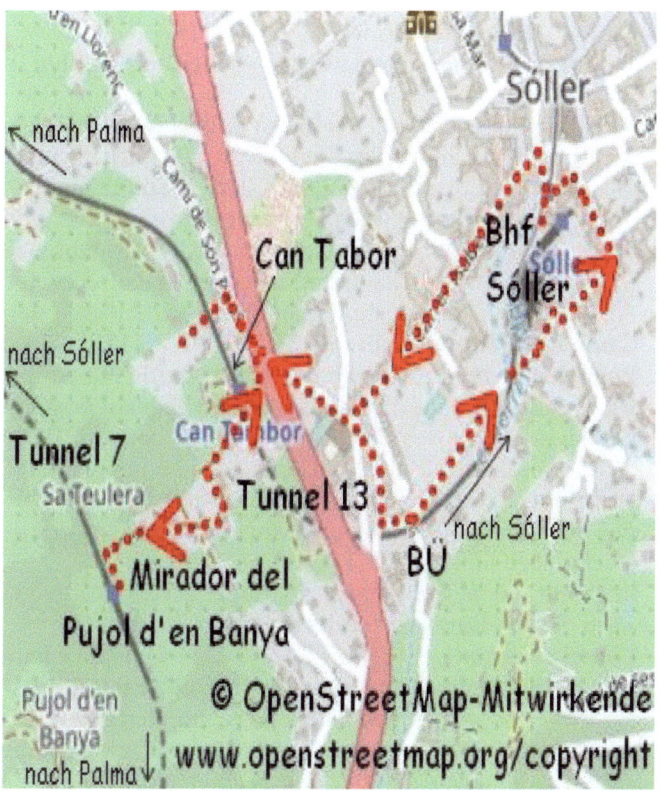

6.4 Route im Detail

6.4.1 Ein kleiner Umweg

Wir starten diese Tour natürlich wieder am Bahnhof in Sóller.

Vom Bahnhofsvorplatz, der Plaça d'Espanya, geht es in Richtung Stadt, allerdings die linke Straße entlang, nicht die, auf der die Straßenbahn nach Port de Sóller fährt. An der ersten Kreuzung hält man sich links und folgt der Carrer Isabel II. Die Straße geht eine ganze Weile geradeaus. An einem scharfen Linksknick kann man nach **rechts durch den Camí de Son Pons** abkürzen (39.762507, 2.711214). Am Ende des kleinen Aufstiegs erreicht man die Ma-11. Sie wird sofort überquert und quasi direkt gegenüber steigt der kleine Camí des Cas Carreter leicht bergauf. Diese Straße merken wir uns, nachher geht es hier bergauf. Jetzt geht es erst einmal wenige Meter weiter rechts wieder den Camí de Son Pons entlang. Der Camí zweigt nach links von der Ma-11 ab und nach ungefähr 40 m steht links ein Haus. Direkt nach diesem Haus geht **links die Camí de sa Cometa bergauf** (39.763657, 2.708953). Eigentlich handelt es sich beim Camí nur um eine Treppe mit Kinder-wagenspur. Diese Treppe steigt man gut  40 m hinauf, dann hat man eine kleine ***Brücke über den Tren*** erreicht (39.763374, 2.708579).

Abstand Bhf. Sóller: 1 - 2 Minuten

Links kann man in den Haltepunkt Can Tambor schauen. Diese Betonkonstruktion ist nicht schön, aber man sieht direkt in den Tunnel 13. Hier würde ein Zug aus Sóller herauskommen. Rechts geht es in Richtung Palma. Eigentlich halten an diesem Haltepunkt nur Touristenzüge, damit die Fahrgäste in Busse umsteigen können.

Von hier muss man wieder die Treppe hinab und unten nach rechts in Richtung Ma-11 abbiegen.

6.4.2 Aufstieg zum Mirador

Der Ma-11 folgt man für 50 m nach rechts. Dann zweigt **rechts der Camí de Cas Carreter** ab (39.762993, 2.709452). Hier steigen wir wieder auf. Nach 50 m erreicht man wieder die Strecke des Tren de Sóller. Der Camí überquert die Strecke direkt über dem Portal vom letzten *Tunnel 13*. Wenn man auf die Strecke blickt, sieht man den *Haltepunkt Can Tambor* (39.762668, 2.709017) von der anderen Seite.

Abstand Bhf. Sóller: 1 - 2 Minuten

Wie schon erwähnt, diente er eigentlich nur den Touristenzügen zum Umsteigen der Fahrgäste in Busse. Heute steigen sie jedoch meist direkt am Bahnhof in die Tranvía. Am Ende des Haltepunkts sieht man die Brücke vom Camí de sa Cometa, dort waren wir eben.

Wenn man sich genug umgesehen hat, geht man den Camí weiter bergauf. Nach 100 m hält man sich links und folgt dann in einem großen Rechtsbogen der Straße, bis der Weg sich in drei Wege gabelt. Hier nimmt man den mittleren. Nach wenigen Metern passiert man ein Grund-stück, welches von Sascha bewacht wird. Dann ist man richtig. Nun wird der Weg **schmaler und geht langsam in Treppen** über (39.761187, 2.707226) und führt über die mit Orangen bepflanzten Terrassen. Er ist recht gut zu erkennen, da er etwas mit Beton befestigt ist. Nachdem man zwei recht verfallene Gatter passiert hat, steht man am  *Fuß einer kleinen Treppe* (39.760906, 2.706183). Diese führt auf den Bahnsteig des *Haltepunkts Mirador del Pujol d'en Banya*. Die Aussicht von hier ist herrlich, wenn nicht gerade ein Touristenzug hält und man vor Menschen hier kaum stehen kann.

Abstand Bhf. Sóller: 15 - 20 Minuten
Abstand Bhf. Bunyola: 15 Minuten

6.5   Zurück nach Sóller

Zurück geht es anfangs den gleichen Weg. Zuerst geht man steil über die Terrassen hinab. Dann folgt man dem Camí des Cas Carreter weiter bergab, bis man die MA-11 erreicht hat.  Hier hält man sich rechts bis zum Kreisverkehr der Ma-11. Dort überquert man sie. Direkt vom Kreisverkehr **führt eine kleine Treppe hinunter** (39.760779, 2.711560) auf den Camí vell de Palma. Auf dem Camí hält man sich links. An der ersten Kreuzung biegt man nach rechts in den Camí de Can Pentinat ein. Genau am Ende der kurzen Straße liegt rechts ein

 Bahnübergang (39.761339, 2.712394). Von dort kann man direkt in das Portal von Tunnel 13 sehen. Hier kann man auch gut auf einen Zug warten.

Abstand Bhf. Sóller: 1 Minute

Oberhalb des Tunnelportals kann man auch den Mirador del Pujol d'en Banya sehen.

Die Route führt uns von hier weiter geradeaus auf dem Camí de sa Torrentera parallel zum Torrent Major und der Bahnstrecke. Nachdem man die Strecke des Tren de Sóller unter einer Brücke unterquert hat, biegt man nach links in den Camí  des Fossaret. Am Ende der Straße biegt man wiederum **links in die Carrer de Joan Marques Arbona** (39.763752, 2.715428), um wenige Meter weiter links in  die Carrer de Reial abzubiegen. An der nächsten Möglichkeit biegt man nochmals **links in die Carrer Castanyer** ab (39.765336, 2.715605). An deren Ende steht man auf der Plaça d'Espanya. Links liegt der ***Bahnhof Sóller*** (39.765043, 2.715091). Damit hat man das Ziel der Tour erreicht.

Der Zug aus Palma ver-
lässt den letzten Tunnel
- Tunnel 13 - und er-
reicht in wenigen Au-
genblicken den End-
bahnhof Sóller.

6

Zugkreuzung im Aus-
sichtsbahnhof Mirador
del Pujol d'en Banya

7 Das Viadukt aus der Ferne 1 – Fornalutx

7.1 Zum Mirador de ses Barques

7.1.1 Daten zur Tour

Start: Bhf. Sóller (39.765043, 2.715091) 	Ende: Mirador de ses Barques (39.79083, 2.724848) 

Tourlänge: 6,5 km
Laufzeit: 2,5 Stunden
Gaststätten: 3
Besonderheiten: wunderschöne Aussichten über Sóller und die umliegenden Berge
Schwierigkeiten: 2 kurze starke Anstiege
Tipp: Fotoausrüstung einpacken
Kreuzungspunkte Bahn: 0
Aussichten auf die Bahn: 2
Besonderheiten Bahn: Rückfahrt mit der Tranvía

7.1.2 Route Kurzbeschreibung
Bhf. Sóller – Plaça d'Espanya – Avinguda del Born – Plaça de la Constitució – Carrer de sa Lluna – Carrer de la Victoria de l'11 de Maig – Avinguda d'Asturies – Camí des Murterar – Camí de ses Moncades – GR-221 – Camí de s'Ermita – Camí de Binibassi – Carrer Joan Albertí I Arbona – Carrer de sa Plaça – Plaça d'Espanya – Carrer de sa Plaça – Carrer J. Albertí I Arbona – Camí de la Balitx – Ma-10 – Costa d'en Nicó – Ma-10 – unbefestigter Weg – Mirador de ses Barques

7.1.3   Karte zur Tour

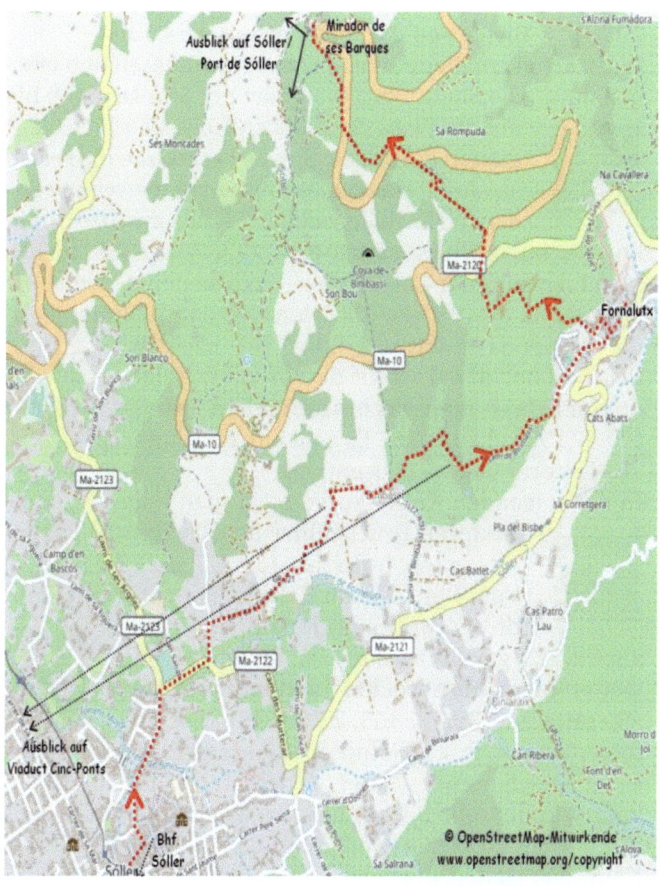

7.1.4 Route im Detail

7.1.4.1 Blicke von der anderen Seite des Tals

Wir starten am Bahnhof von Sóller und müssen nun erstmal durch die Stadt. Dazu folgt man der Straßenbahn bis auf die Plaça de la Constitució. Von hier biegt man in die zweite Straße rechts, die Carrer de sa Lluna, ein. Leider muss man die schöne Ladenstraße bald wieder in die **zweite Querstraße nach links** verlassen (39.767051, 2.716190). Man folgt nun der Carrer de la Victoria de l´11 de Maig. Sie geht an der Brücke über den Torrent de Biniaraix in die Avinguda d'Asturies über. Die nächste Brücke über den Torrent de Fornalutx zeigt uns an, **dass man rechts abbiegen muss** (39.771521, 2.716976). Es geht nun den Camí de Murterar nach rechts entlang.

In der folgenden Rechtskurve biegt man kurz vor einer weiteren Brücke über den Torrent de Forna- lutx **nach links ab** (39.772362, 2.719637). Vom Pont de Can Rave geht es nun den Camí de ses Moncades hinauf, der auch als GR-221 gekennzeichnet ist. Knapp 100 m weiter biegt **man rechts in den Camí de s'Ermita** ein (39.773463, 2.719537). Diesem folgt man nun fast 15 Minuten. Während dieses Aufstiegs lohnt es sich immer wieder, nach hinten zu schauen. Man kann wundervolle Blicke auf Sóller erhaschen. Doch nicht nur der Ort ist sehenswert oder die umliegenden Berge. Nein, wer genau hinsieht, kann auch das ***Viaducte de Cinc Ponts*** und den ***Mirador***  ***del Pujol d'en Banya*** erkennen.

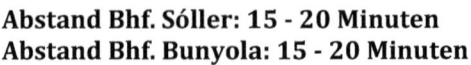

Abstand Bhf. Sóller: 15 - 20 Minuten
Abstand Bhf. Bunyola: 15 - 20 Minuten

Der Geopunkt, den ich hier angebe, ist nur eine ungefähre Angabe! Zugegeben, mit einem Fernglas sieht man es viel besser und zum Fotografieren benötigt man ein Teleobjektiv, aber schön ist es schon.

Am Ende des Weges erreichen wir Binibassi. Hier hält man sich links und verlässt den GR-221. Stattdessen folgt man dem Camí de Binibassi in Richtung Fornalutx. Einen Kilometer wandert man weiter bergauf. Auch hier gibt es immer wieder schöne Blicke. Nach gut 20 Minuten  erreicht man den **rechts liegenden Friedhof von Fornalutx** (39.779338, 2.736529). Er ist sehr schön und sehenswert.

Danach macht der Weg noch einen kleinen Bogen, dann beginnt der Ort. Der Camí bleibt uns noch erhalten, geht dann aber in die Carrer Joan Albertí I Arbona und dann in die Carrer de sa Plaça über. An deren Ende erreicht man die **Plaça d'Espanya** (39.782450, 2.740909). Hier gibt es schöne Cafés und auch der Platz ist, wie der Ort selbst, wunderschön.

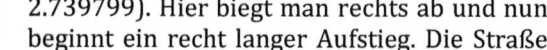

7.1.4.2 Blick über Sóller und Port de Sóller – Mirador de ses Barques

Nach einer zu empfehlenden Rast geht man knapp 100 m wieder die Carrer de sa Plaça zurück, bis man **den Camí de Balitx** erreicht (39.781646, 2.739799). Hier biegt man rechts ab und nun beginnt ein recht langer Aufstieg. Die Straße geht schnell in eine Treppe über, wird wenige Meter weiter oben aber wieder zu einer Straße. 800 m steigt sie auf, wobei man die langen Serpentinen der Straße nicht mitgehen muss, sondern über einen unbefestigten Weg abkürzen kann. Dann steht man **an der Ma-2120** (39.783773, 2.733573), der Straße  nach Fornalutx, und überquert sie. Es geht ein paar Meter weiter, dann geht man über die Ma-10. Auf der anderen Straßenseite geht man dann den **Costa d'en Nicó** (39.784903, 2.734088) weiter 500 m bergauf. Erneut quert man die Ma-10. Der Weg führt jetzt 100 m dicht oder auf der Ma-10 entlang, dann geht es **wieder nach links** (39.788745, 2.726533).

Wenn man nach ca. 5 Minuten wieder die Straße erreicht, sieht man bereits den Parkplatz und das Restaurant am **Aussichtspunkt Mirador de ses Barques** (39.790938, 2.724719). Ich kann nur empfehlen, auch das Restaurant zu besuchen, hier hat man eine fantastische Aussicht sogar beim Essen.

Während man hier rastet, muss man entscheiden:

1. <u>Rückfahrt mit dem Bus</u>
2. <u>7.2 Direkter Abstieg nach Sóller</u>
   kürzere Route
3. <u>7.3 Abstieg nach Port de Sóller</u>
   länger, schöner, Rückfahrt mit der Straßenbahn

Ausblick von der Gaststätte am Mirador de ses Barques, über Sóller (links) und Port de Sóller (rechts)

Der Deiàseitige Berghang oberhalb von Sóller. Diese Aussicht hat man, wenn man nach Fornalutx aufsteigt. Mit einer guten Optik kann man hier (im Kreis) z.B. das Viaducte de Cinc Ponts oder den Haltepunkt Mirador del Pujol d'en Banya sehen und Züge beobachten.

7

Direkt zurück nach Sóller

7.2.1 Daten zur Tour

Start:
Mirador de
Ses Barques
(39.79083, 2.724848)
Tourlänge:
Laufzeit:
Gaststätten:
Besonderheiten:

Schwierigkeiten:
Tipp:
Kreuzungspunkte Bahn:
Aussichten auf die Bahn:
Besonderheiten Bahn:

Ende:
Bhf. Sóller
(39.765043,
2.715091)
4 km
2 Stunden
mehrere am Ende
wunderschöne Aussichten
über Sóller und die umliegenden Berge
2 - 3 starke Gefälle
Fotoausrüstung einpacken
0
2
keine

7.2.2 Route Kurzbeschreibung

Parkplatz Mirador de ses Barques – Ma-10 – unbefestigte Wege – Ma-10 – Font de sa Mel·lera – Camí de sa Capelleta (teilweise) – **Kirche Santa Maria de l'Olivar** – Camí de sa Capelleta (teilweise) - Camí de s'Ermita – Camí de ses Moncades – Camí des Murterar – Camí de ses Fontanelles – Carrer de les Animes – Carrer de sa Luna – Plaça de la Constitució – Avinguda del Born – Plaça d'Espanya – Bhf. Sóller

7.2.3   Karte zur Tour

7.2.4 Route im Detail

Die ersten Meter führen uns wieder auf den Weg zurück, auf dem man kam. Man verlässt auch die Straße und 50 m nachdem sie hinter uns liegt, hält man sich **an der ersten Kreuzung** **rechts** (39.789882, 2.725701). Dann geht es knapp 1,5 km bzw. eine knappe halbe Stunde geradeaus bergab. Dann endet unser Weg und man hat die Ma-10 erreicht.

Sie wird an der Quelle Font de sa Mel·lera überquert. Nun befinden wir uns auf dem Camí de Capelleta, bzw. einem Weg, der den sich im Zickzack windenden Camí ständig

 kreuzt und unsere Route somit abkürzt. An der ersten Kreuzung kann man **nach links einen kleinen Abstecher** (39.778224, 2.721975) zur Kirche Santa Maria de l'Olivar machen. Man muss dieses Stückchen aber wieder zurückgehen.

Gut 500 m laufen wir nun bergab, die Serpentinen des Camí schneidend. Dann ist der Weg zu Ende und wir müssen nun nach rechts dem Camí de Capelleta für 100 m folgen. Dann kann man erneut geradeaus abkürzen und geht direkt an Häusern vorbei den Camí entlang. Dann steht man wieder auf dem Camí de s'Ermita. 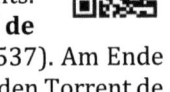 Hier war vorhin unser Aufstieg.

Dem Camí de s'Ermita folgt man nach rechts.
Gleich danach geht es **links in den Camí de ses Moncades** weiter (39.773463, 2.719537). Am Ende der Straße erreicht man eine Brücke über den Torrent de Fornalutx. Der Weg führt über die Brücke und geradeaus

 auf den Camí de Murterar. Nach 40 m biegt man bereits wieder ab. Nun geht es **rechts auf dem Camí de Fontanelles** (39.772065, 2.719993) ungefähr 800 m weiter. Dann ist wieder eine Brücke in Sicht, diesmal über den Torrent de Biniaraix. Dahinter geht die Straße als Carrer de les Animes weiter. Man folgt ihr gut 100 m. Dann erreicht man eine weitere Kreuzung. An dieser geht es nach **rechts in die Carrer de sa Lluna** (39.767933, 2.718733).

Dies ist wieder die Einkaufsstraße vom Anfang der Tour. Somit kann man die Tour mit einem schönen Einkaufsbummel beschließen. Auf der **Plaça de la Constitució** (39.766325, 2.715192) kann man dann noch ein Käffchen genießen. Von der Plaça folgt man der Straßenbahn, deren Gleise uns bergan an der Kirche entlang zur Plaça d'Espanya führen.  Dort haben wir dann am ***Bahnhof Sóller*** (39.765043, 2.715091) das Ziel der Tour erreicht.

7

7.3 Abstieg nach Port de Sóller

7.3.1 Daten zur Tour

Start:	Ende:
Mirador de	Port de Sóller
Ses Barques	(39.797617,
(39.79083, 2.724848)	2.695558)
Tourlänge:	5,5 km
Laufzeit:	2,5 Stunden
Gaststätten:	1
Besonderheiten:	wunderschöne Aussichten über Sóller und die umliegenden Berge, in der Verlängerung Aussichtspunkt Mirador de ses Barques mit Blick bis über Port de Sóller
Schwierigkeiten:	2 - 3 kurze starke Anstiege und Gefälle
Tipp:	Fotoausrüstung einpacken
Kreuzungspunkte Bahn:	0
Aussichten auf die Bahn:	2
Besonderheiten Bahn:	Rückfahrt mit der Straßenbahn

7.3.2 Route Kurzbeschreibung

Parkplatz Mirador de ses Barques – unbefestigte Wege – Camí vell de Balitx – Can Bresca – Camí de cas Bernats – Coll d'en Marques – Ma-2124 – unbefestigte Wege – Villa Port Sóller - Font des Moro – Kreisverkehr Ma-11 – Kreisverkehr Rotonda de la Gamba – Carrer Antoni Montis – Carrer de la Marina – Endhaltestelle Tranvía – **Rückfahrt mit der Tranvía**

7.3.3   Karte zur Tour

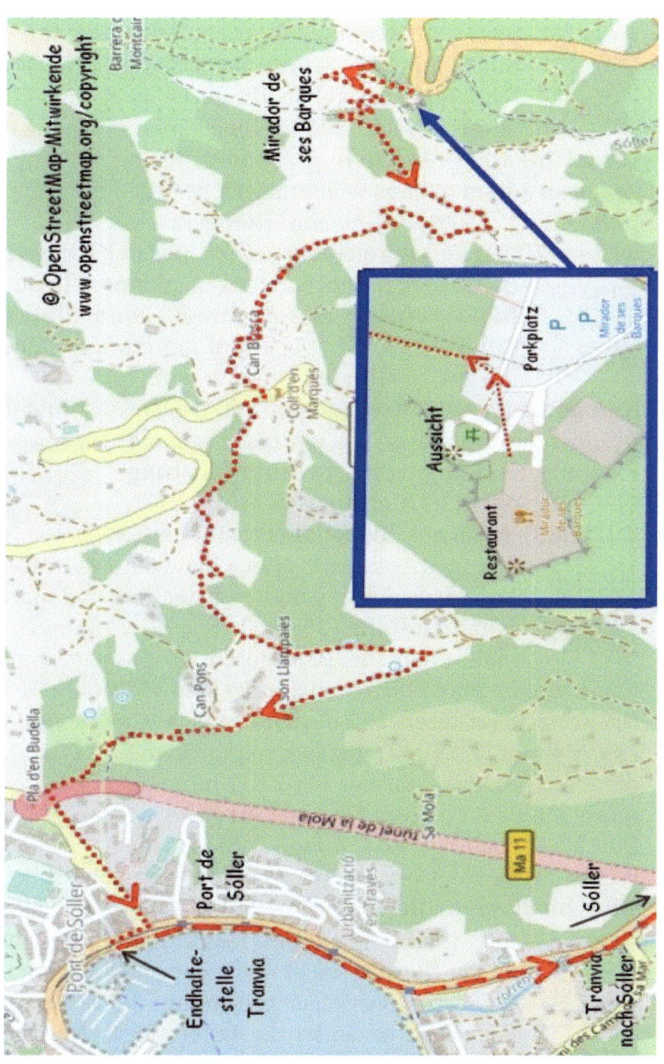

7.3.4 Route im Detail

Vom Aussichtspunkt aus gesehen geht man auf den Park-

platz und nimmt den ersten Weg, der links hinab führt. Es würde auch der zweite, der Camí de Balitx gehen, dieser ist aber deutlich länger. Nach 200 m biegt man

scharf links ab (39.792640, 2.725562). Nach weiteren 140 m geht es wieder **stark rechts** (39.791572, 2.724800) herum. Nun geht es weitere 180 m kurvenreich bergab, bis uns der Camí de

Balitx bergab führend entgegenkommt. In der **Nähe einer Hütte biegt man links** (39.792129, 2.724129) auf ihn ein und läuft ihn gut 10 Minuten weiter hinab.

Nun kommen zwei Kreuzungen mit Wegweisern dicht beieinander. An der ersten wechselt man die

Richtung. Es geht jetzt nach **rechts Richtung Coll d'en Marques/Can Bresca** (39.789347, 2.720358). Nach gut 500 m, die es eher berg-

auf geht, passiert man eine weitere Hütte. Kurz nach dieser gabelt sich der Weg und **man hält sich links** (39.793196, 2.719548), noch-mals ungefähr 10 Minuten. So passiert man Can Bresca – eine Finca – nach ungefähr 350 m und er-reicht nach weiteren 150 m den **Camí de Cas Bernats** (39.794066, 2.715042). Diesem folgt man auf

die Ma-2124. Hier auf der Ma-2124 hat man quasi den Pass Coll d'en Marques erreicht. Der Ma-2124 folgt man knapp 100 m nach rechts. Dann zeigt ein Wegweiser den Weg nach links. **Hier biegt man links ab** (39794334, 2.714618) und

folgt dem Weg anfangs in Richtung Villa Port Sóller. Diese erreicht man nach gut 5 Minuten. Mehrere Wegweiser zeigen nun die Richtung nach Port de Sóller an. Ihnen folgt man und geht dabei gut eine Viertelstunde bergab. Jetzt

hat man eine kleine Straße in einer Kurve er-reicht, an der **man sich links halten muss** (39794268, 2.706598).

Nicht einmal 100 m ist man von den nächsten Häusern entfernt, wobei das rechte sogar eine Bar namens San Llampaies sein soll. Ob man sich hier wirklich erfrischen kann, weiß ich aber nicht. Als wir hier unterwegs waren, war sie leider geschlossen. Man geht die Straße für 350 m weiter talwärts. Dabei passiert man auch die Quelle Font des Moro. Dann zweigt rechts eine Straße ab und man muss **eine scharfe Rechtskurve gehen** (39790525, 2.706030). Nun geht man noch knapp 30 Minuten auf der Straße talwärts, dann steht man am großen **Kreisverkehr von Port de Sóller** (39.798563,  2.701183).

Man geht von hier die 500 m direkt zum nächsten Kreisverkehr der Rotonda de la Gamba. Von dort kann man das Meer schon fast riechen und folgt geradeaus der Carrer Antoni Montis **zur**  **Strandpromenade** (39.796296, 2.696677). Auf der Promenade hält man sich dann noch 150 m rechts. Nun schlendert man an vielen Souvenirständen und Lokalen vorbei. Hier kann man sich noch etwas erfrischen, bevor man die ***Straßenbahnendhaltestelle der Tranvía*** in Höhe des Restaurants Mar y Sól erreicht.

Nach dieser Tour ist es wunderbar, noch an der Promenade einzukehren und den Ausblick auf die Bucht zu genießen. Hier fährt die Tranvía direkt vorbei. Wenn man wieder fit ist, fährt man mit ihr wieder zum Bahnhof von Sóller zurück.

8 Das Viadukt aus der Ferne 2 – l'Horta

8.1 Daten zur Tour

Start:	Ende:
Bhf. Sóller	Port de Sóller
(39.765043,	(39.797617,
2.715091)	2.695558)
Tourlänge:	7 km
Laufzeit:	2 Stunden
Gaststätten:	mehrere auf den letzten 1,5 km (in Sóller)
Besonderheiten:	Aussichten über Sóller Verlängerung um 3,5 km möglich
Schwierigkeiten:	keine
Tipp:	Fotoausrüstung
Kreuzungspunkte Bahn:	1, mit Route 7.2
Aussichten auf die Bahn:	2
Besonderheiten Bahn:	Rückfahrt mit der Tranvía, Aussichten auf Viaducte de Cinc–Ponts

8.2 Route Kurzbeschreibung

Sóller, Plaça d'Espanya – Avinguda del Bom – Plaça de la Constitució - Carrer de Vicari Pastor – Carrer de sa Mer – Carreró d'en Figa – Carrer de la Poetessa Francisca Alcover – **Ma-11** – Ma-10 – **Camí de Son Sales** – GR-221 – 7.4.2 Camí de Camp de sa Mar - oder 7.4.3 Muleta – Refugi de Muleta – Camí del Far – 7.4.4 Strandpromenade Port de Sóller – **Tranvía nach Sóller**

8.3   Karte zur Tour

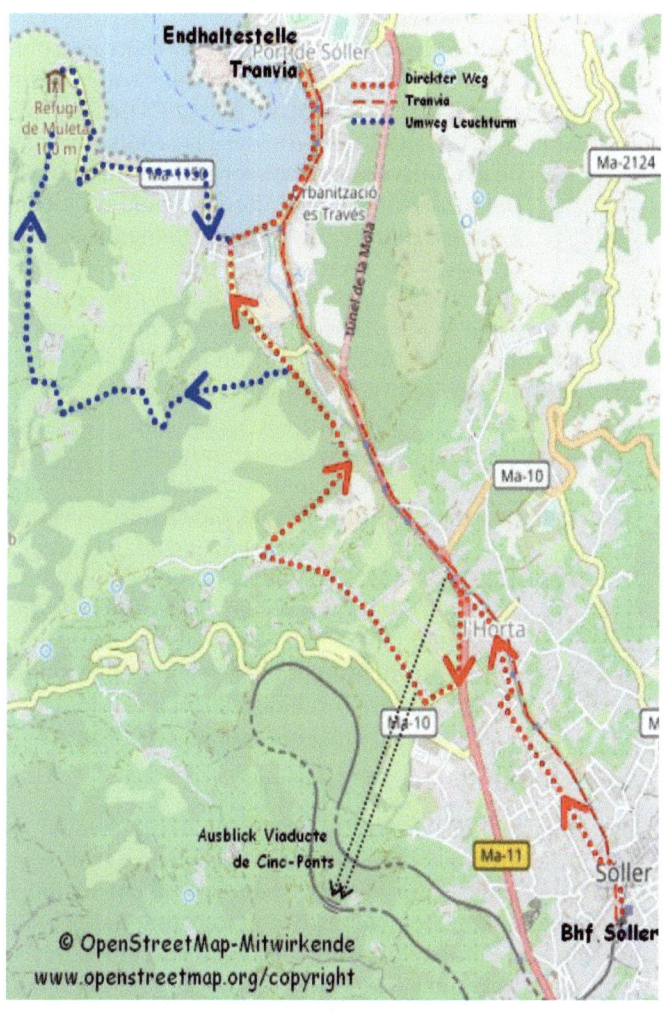

8.4 Route im Detail

8.4.1 Wir verlassen Sóller

Vom Bahnhof in Sóller führt uns die Route heute erst einmal an der Tranvía entlang. Man folgt der Straßenbahn über die Plaça d'Espanya, durch die Avinguda del Bom bis auf die Plaça de la Constitució. Auf der Plaça hält man sich direkt links und geht dabei am Rathaus vorbei. Dann überquert man die Avinguda de Jeroni Estades. Hier liegt eine ganz kleine Gasse, **die Carrer de Vicari Pastor** (39.766189, 2.714806). Durch diese geht man hindurch und erreicht so die Carrer de sa Mer. Dieser Straße folgt man nun eine Viertelstunde, bis sie zu Ende ist. Nun **biegt man rechts** (39.772704, 2.707843) in die Carreró d'en Figa ab. Sie führt uns über den Torrent de Major und in die Carrer de la Poetessa Francisca Alcover. Dieser Straße folgt man nun 500 m. Dann kommt von rechts die Tranvía. Gleichzeitig erreicht man die Ma-11 an einer großen Kreuzung. Man folgt der Linienführung der Tranvía und überquert die Ma-11. Von  hier, unmittelbar neben der ***Haltestelle der Tranvía*** (39.777554, 2.704718), sollte man nun in Richtung Sóller schauen und dabei die rechten Berghänge absuchen. Dann entdeckt man das ***Viaducte de Cinc Ponts***.

Abstand Bhf. Sóller: 15 Minuten

Man braucht eine gute Optik, um etwas zu filmen oder zu fotografieren. Auch das Stativ sollte möglichst groß sein, man muss über eine Mauer schauen. Außerdem muss man sich wegen der vielen Autos und der Bahn beim Warten und Filmen vorsichtig bewegen und aufstellen.

 Nachdem man den Ausblick genossen hat, geht man an der Ma-11 wieder nach Sóller hinein. Nach 350 m erreicht man den **Abzweig der Ma-10 nach Deià** (39.773582, 2.705378). Ihr folgt man nach rechts für knapp 200 m. Dann kommt von rechts der Camí de Son Sales. In ihn biegt man rechts ein.

Doch seid aufmerksam, bereits hier vom Kreuzungsbereich und auf den nächsten 100 m auf dem *Camí linker Hand* (39.774094, 2.704718) sieht man hinter sich wieder das *Viaducte de Cinc Ponts*
am Berg. Hier kann man auch besser stehen und warten, bzw. beobachten. Wenn man bereit ist, weiterzugehen, folgt man dem Camí de Son Sales für gut einen Kilometer. Er ist jetzt auch als Wanderweg GR-221 markiert. Rechts
 liegt nach gut einer Viertelstunde die Hotel-Finca Ca N'ai. Bald darauf, unmittelbar vor einer markanten Doppelkurve, zweigt der **GR-221 nach rechts ab** (39.778348, 2.693834). Man folgt ihm und kommt so auf einen einfachen Wanderweg, der einen für 25 Minuten durch oder am Wald entlangführt. Dabei hat man immer wieder Aussichten auf das Tal des Torrent Major, an dem die Tranvía nach Port de Sóller fährt.
Dann erreicht man **eine Gabelung** (39.785158, 2.695915). Nach rechts führt der Weg **8.4.2 Einfach weiter nach Port de Sóller.**
Das dauert ungefähr noch 30 Minuten und ist recht unspektakulär. Man kann aber auch nach links **8.4.3 Mit Leuchtturm nach Port de Sóller** wandern.
Dafür sollte man allerdings noch gut 2,5 Stunden (6,5 km) auf einem oft ansteigenden Weg einplanen.

8.4.2   Einfach weiter nach Port de Sóller
An der Gabelung hält man sich rechts und verlässt damit quasi den GR-221. Ungefähr 150 m weiter ist aus dem Weg eine kleine Straße geworden, die nach rechts abzweigt. Diesem Abzweig folgend, erreicht man nach wenigen Metern die **Camí de Camp de sa Mar** (39.786172, 2.694681).
Wenn man jetzt rechts abbiegt, erreicht man nach 200 m die Ma-11B. Ihr folgt man nach links und läuft dann quasi immer an der Straße entlang, parallel zur Tranvía. Aber es gibt vielleicht schöne Fotomotive. Nach 500 m hat man dann die Strandpromenade erreicht.

Etwas ruhiger, aber ohne Tranvía ist es, wenn man dem Camí de Camp de sa Mar nun für knapp 600 m immer geradeaus folgt. Dann hat man die Strandpromenade von Port de Sóller erreicht. Wer vom Leuchtturm kommt, kommt genau hier links die Straße vom Berg hinab.

Nun geht es **8.4.4 Zurück nach Sóller**.

8.4.3   Mit Leuchtturm nach Pt. de Sóller

Man folgt an der Gabelung dem Wanderweg GR-221 nach links, weiter in Richtung Muleta, Deià. Dabei geht man am Ferienhaus Muleta Petit (rechts) und dem Hotel Muleta Gran (links) vorbei. Das Ganze dauert unge-

fähr eine Stunde. 300 m nachdem man die Einfahrt zum Hotel Muleta Grand passiert hat, weist einem der Wegweiser den Weg nach **rechts den Berg hinauf** (39.785158, 2.679752). Man ändert nun die Richtung und geht den GR-221 in Richtung Refugi de Muleta entlang. Das bedeutet für ungefähr 30 Minuten nochmal einen nicht ganz unerheblichen Anstieg. Dafür hat man zwischendurch immer wieder wunderschöne Blicke auf das Mittelmeer und weiter oben auf den Naturhafen von Port de Sóller.

Am Leuchtturm oben auf dem Berg gibt es auch einen Rastplatz mit dem kleinen einfachen **Gasthaus Refugi de Muleta** (39.796683, 2.681150). Mit etwas Glück hat es geöffnet.

Nach einem Fotostopp, der ausnahmsweise einmal nicht der Bahn gewidmet ist, und einer kurzen Pause, geht man zum Leuchtturm. Von hier läuft man ca. 30 Minuten den Camí del Far hinab. Der Blick kann dabei immer wieder über Port de Sóller schweifen. Wenn die Poller auf der Straße den Autoverkehr nach rechts in den Camí des Camp de sa Mar zwingen, trifft man den Wanderer wieder, der den einfachen Weg wählte.

8.4.4   Zurück nach Sóller

Nun geht es auf der Strandpromenade weiter. Dabei überquert man den Torrent Major. Unmittelbar danach kommt von rechts die Tranvía. Hier an der Kreuzung kommen die an, die die letzten Meter parallel zur Tranvía liefen. Hier befindet sich die Haltestelle sa Torre. Wer möchte, kann bereits von hier nach Sóller zurückfahren.

Wer noch Zeit und Lust hat, kann aber noch gut 850 m die Promenade entlang schlendern und so bis zur Endhaltestelle der Tranvía gehen. Hier kann man noch etwas shoppen, oder in einem Lokal etwas entspannen und die vorbeifahrende Straßenbahn genießen.

Am Restaurant Mar y Sol hat man die *Endstation* (39.797617, 2.695558) erreicht. Die Gleise führen allerdings noch gut 200 m weiter. Das wird teilweise noch heute zum Rangieren gebraucht. Früher wurden wohl so aber auch militärische Güter bis zu den Schiffen gebracht.

Die Rückfahrt mit der Straßenbahn zum Bahnhof von Sóller dauert ungefähr eine halbe Stunde.

So erreicht man den Ausgangspunkt der Wanderung.

Leuchtturm Far des Cap Gros bei Port de Sóller

9 Rund um Bunyola

9.1 Daten zur Tour

Start:	Ende:
Bhf. Bunyola	Bhf. Bunyola
(39.697429,	2.694234)
Tourlänge:	7 km
Laufzeit:	2,5 Stunden
Gaststätten:	keine
Besonderheiten:	Jardin Raixa
Schwierigkeiten:	keine
Tipp:	Fotoausrüstung
Kreuzungspunkte Bahn:	5
Aussichten auf die Bahn:	5
Besonderheiten Bahn:	An-/Abreise mit dem Tren
Start:	9:25 Uhr Bhf. Bunyola
Zugverkehr:	10:40/11:20/11:30 Uhr
	Hp Caubet
	12:45-13:00 Uhr Brücke
Abstand zum Bhf:	Caubet 10 min Bunyola
	Brücke 7 min Bunyola

9.2 Route Kurzbeschreibung

Bhf. Bunyola – Costa de s'Estació – Carrer de la Creu – sa Plaça – Carrer Sant Josep – Carrer del Pare Colom Francisca – Camí de Caubet – einfache Wege – Carrer Guillem Bujosa Rossello – Camí de sa Cantina – Trampelpfad – Hospital de Caubet Joan March – Camí de Caubet – **Haltepunkt Caubet** – Camí de Caubet –Feldweg – **Camí de sa Cantina** – **Brücke** – Feldwege – Ma-11– Costa de s'Estació – Bhf. Bunyola

9.3 Karte zur Tour

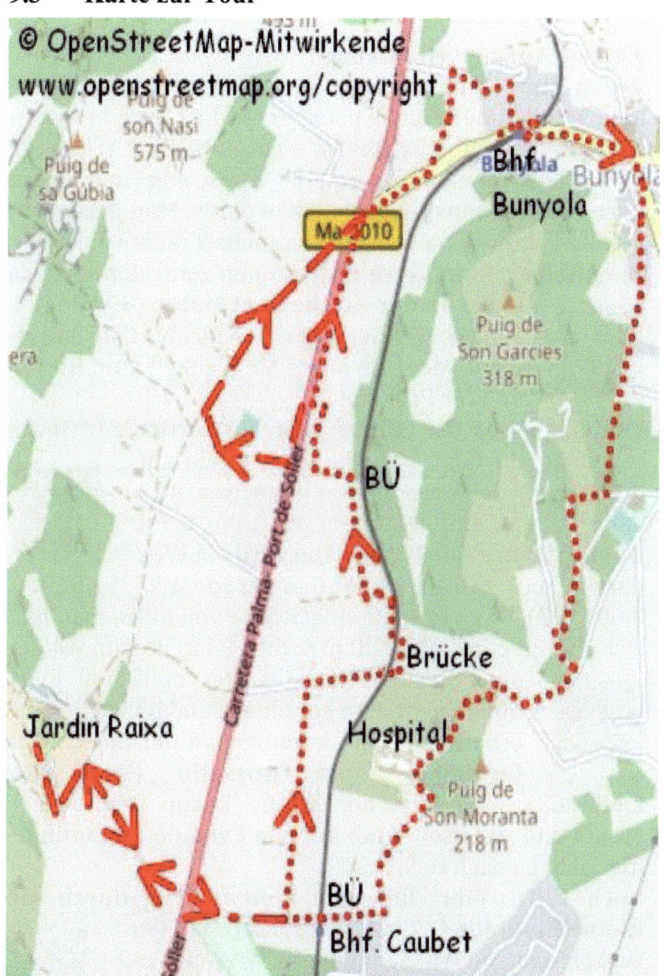

9.4   Route im Detail

9.4.1   Auf zum Hp. Caubet

Wir starten heute am Bahnhof von Bunyola. Hier geht man vom Bahnübergang nach rechts die Costa de s'Estació in den Ort hinein. Das ist nicht unbedingt schön, da hier einige Autos fahren und die Straße eng ist, aber ein paar schöne Häuser entschädigen dafür. Man gelangt so auf die Carrer de la Creu, welche scharf rechts abknickt. Unmittelbar darauf erreicht man den zentralen Platz sa  **Plaça an der Kirche Sant Mateo** (39.696464, 2.699356). Hier gibt es ein kleines Café und einen Laden, die letzte Möglichkeit zum Rasten und für Proviant...

Vom Platz vor der Kirche geht die Carrer Sant Josep rechts ab, ihr folgt man. Sie leitet direkt auf die Carrer del Pare Colom Francisca und dann in den Camí de Caubet über. Der Camí  ist gut 300 m eine Straße, dann wird ein Weg daraus. Dieser **führt uns 650 m geradeaus** (39.686900, 2.697887). Dann kommt eine Straße von links, man hält sich aber nochmal gut 100 m rechts. Dann kommt wieder eine Straße von links, der man nun folgt. 500 m geht man geradeaus und hält sich dann erneut links. So kommt man auf die **Carrer Guillem Bujosa Rossello** (39.681686, 2.696763). Man folgt der Straße knapp 250 m nach rechts und wechselt dann auf den Camí de sa Cantina – hier geht es nach rechts.

Nach 120 m führt links ein **kleiner Weg durch die kleine Plantage** (39.68091, 2.692854) in den Wald hinauf. Im Wald geht dieser Weg nach ca. 275 m in einen Trampelpfad über. Er führt uns weiter auf den Parkplatz des Allgemeinen Krankenhauses Hospital de Caubet Joan March. Von diesem geht man zur Krankenhauszufahrt. Die Straße, die einen nun vom Krankenhaus wegführt, ist wieder der Camí de Caubet. Man läuft eine Viertelstunde den Camí bergab.

Dann erreicht man den ***Bahnübergang am Haltepunkt Caubet*** (39.674321, 2.685198).

Abstand Bhf. Bunyola: 5 - 10 Minuten

Man könnte die Tour zur Not hier auch beenden, aber dann verpasst man noch 2 Punkte zum Fotografieren.

Kurz vorweg. Wer nicht geneigt ist, sich den Garten von Raixa anzusehen, geht über den Bahnübergang und folgt weiter dem Camí de Caubet talwärts. Nach **ungefähr 100 m zweigt rechts** (39.674419, 2.683794) ein Weg in eine Plantage ein. Ab hier geht es in Kapitel **9.4.3 Durch Mandelhaine nach Bunyola** weiter.

9.4.2 Von Caubet nach Raixa

Für alle anderen möchte ich darauf hinweisen, dass es sich beim Weg zum **Garten von Raixa** (39.679073, 2.672497) um einen Umweg von 4 km und einer Stunde plus der Zeit im Garten selbst handelt. Dann geht es in Kapitel 9.4.3 auf dem Camí de sa Cantina weiter.

Vom Haltepunkt Caubet geht es erst einmal unspektakulär weiter. Man überquert am Bahnübergang die Gleise des Tren de Sóller und folgt nun gut 500 m dem Camí de Caubet. An dessen Ende erreicht man in einem Kreisverkehr die Ma-11. Diese wird überquert und dann geht es auf der anderen Seite auf dem Feldweg weiter. Nochmal ungefähr 10 Minuten muss man diesem einfachen Weg folgen, dann sieht man die Häuser und den Garten von Raixa. Direkt hinter der Straße führt uns nun ein kleiner Weg nach links in Richtung Parkplatz. Von dort gelangen wir zum Haupteingang.

Da die Strecke möglichst viel am Zug entlang führen soll, geht man nach der Besichtigung der Anlage in Raixa wieder zurück in Richtung Haltepunkt Caubet. Erst läuft man über den Parkplatz, dann den Feldweg entlang. (Hier bietet sich auch eine Abkürzung an, 45 min/2,5 km weniger, dafür büßt man eine Querung mit der Bahn ein. Mehr dazu am Ende dieses Abschnitts.)

 Nach gut 500 m hat man den Kreisverkehr erreicht. Dort wird die Ma-11 überquert und man folgt wieder der asphaltierten Straße Camí de Caubet in Richtung Hospital. 5 Minuten nachdem man den Kreisverkehr hinter sich gelassen hat, **zweigt links** (39.674419, 2.683794) ein ca. 800 m langer schnurgerader Feldweg ab. Er führt in eine Plantage. Nun geht es **9.4.3 Durch Mandelhaine nach Bunyola**.

Abkürzung:
Man verlässt den Garten von Raixa und läuft über den Parkplatz. Von dort folgt man der Zufahrt, über die man vorher hier ankam für 150 m. Wenn diese Zufahrt **eine scharfe Rechtskurve** macht (39.678816, 2.674530), kann man links auf einen kleinen Feldweg wechseln. Dies ist der Camí vell de Palma a Sóller. Diesen Feldweg läuft man nun gut 2 km/45 min geradeaus entlang. Dabei passiert man auch ein Gestüt. Hier kommt die eigentliche Route dazu. Leider verpasst man so einen Fotostopp. Der Weg endet an einem Kreisverkehr mit der Ma-11. Von hier folgt man der Teilroute **9.4.3.2 Letzte Meter vom Kreisverkehr**.

9.4.3 Durch Mandelhaine nach Bunyola

9.4.3.1 Zum nächsten Fotostopp
Diesem Weg, der uns schnurgerade parallel zur Bahn führt, folgt man. Er führt uns durch weite Mandelhaine. Im Frühjahr muss dieser einfache Feldweg wunderschön sein. Nach 10 Minuten erreicht man wieder den Camí de sa Cantina. Diesmal folgt man ihm nach rechts. Ungefähr nach 300 m unterquert man die ***Bahn unter einer Brücke***  (39.681709, 2.688221) und biegt direkt dahinter links ab.

Abstand Bhf. Bunyola: 10 Minuten

100 m später geht es wieder unter einer Brücke durch und so wechselt man wieder die Seite der Bahntrasse. An einer dieser Brücken kann man durchaus nochmal auf den Tren de Sóller warten.

 Der Weg beschreibt auf den nächsten 250 m eine längere Linkskurve, an deren Ende man rechts abbiegt. (Nicht die Grundstückseinfahrt in der Rechtskurve nehmen!). 400 m geht es schnurgerade weiter, dann muss man **wieder links abbiegen** (39.687341, 2.686568). Allerdings zweigt hier rechts eine Grundstückszufahrt ab, die vor dem eigentlichen Tor zum Grundstück noch einen *Bahnübergang* in einer langen Kurve hat.

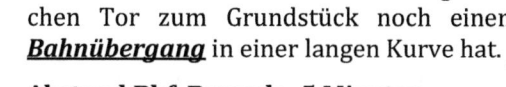

Abstand Bhf. Bunyola: 5 Minuten

Vielleicht kommt gleich ein Zug? Doch nun links entlang und gute 5 Minuten später erreicht man die Straße **Ma-11** (39.689618, 2.684685).

Schneller Weg 1
500 m, 10 Minuten
Wer schnell nach Bunyola zurück will, der geht hier rechts an der Ma-11 entlang. Der Seitenstreifen ist breit, sodass man trotz der vielen Autos hier laufen kann. Die Zeitersparnis beträgt gut 15 Minuten.

Langer Weg 1
1,5 km, 25 Minuten
Wer Zeit hat, geht nach links die Ma-11 entlang, allerdings nur für 200 m. Dann kann man nach rechts in den Camí de s'Alqueria Bianca einbiegen.
An der ersten Kreuzung, die man nach nicht mal 10 Minuten erreicht, biegt man wieder nach rechts, diesmal in den **Camí vell de Palma a Sóller** ein (39.689288, 2.679724).
Hier kommen auch die von links, die an den Gärten von Raixa die Abkürzung genommen haben.

 Nach einer weiteren Viertelstunde Marsch immer geradeaus erreicht man, wieder an der *Ma-11,* einen *Kreisverkehr* (39.695219, 2.687213).

9.4.3.2 Letzte Meter vom Kreisverkehr

Vom Kreisverkehr zweigt die Straße nach Bunyola rechts ab. Dieser folgt man gut 250 m. Dann prüft man nochmal, wie weit man laufen möchte und wann am Bahnhof der Zug fährt.

Schneller Weg 2
500 m, 10 Minuten
Den hier links abbiegenden Weg ignoriert man. Den Autoverkehr muss man hinnehmen, dafür spart man 10 Minuten, indem man der Straße bis zum Bahnübergang folgt. Dahinter geht es rechts zum Bahnhof.

Langsamer Weg 2
1,2 km, 20 Minuten
Die längere Variante dauert 10 Minuten länger und führt links in den Weg hinein, welcher quasi 300 m geradeaus verläuft. Dann erreicht man die kleine asphaltierte **Car-** **rer de Moussen Antoni Maria Alcover** (39.698888, 2.692749). Dieser folgt man nach rechts. An der nächsten Verzweigung folgt man ihr wieder nach rechts und steuert nun auf eine Mauer zu. Unmittelbar vor ihr macht die Straße einen scharfen Rechtsknick und mündet in die Straße nach Bunyola, auf deren anderer Straßenseite der *Bahnhof Bunyola* liegt  (39.697429, 2.694224). 100 m muss man noch nach links laufen und man erreicht den Bahnübergang direkt am Bahnhof und ist somit am Ziel des Tages angekommen. Nun braucht bloß noch unser Zug zu kommen, den man fotografiert, bevor er uns wieder ins Quartier zurückbringt.

10 Am Bahnhof Palma de Mallorca

Auch auf den Bahnhöfen kann man schöne Bilder machen. Hier weise ich auf Besonderheiten in Palma hin.

Der **_Bahnhof Palma de Mallorca_** (39.576494, 2.653522) ist relativ klein. Er besteht aus zwei Gleisen und einem dritten Ausweichgleis. Der alte Lokschuppen ist mittlerweile eine Kunsthalle. Allerdings liegen hier noch die Gleise – jetzt aber unter Glas.

Da es nur sehr kurze Bahnsteige gibt, hält man kleine Tritte vor, um den Reisenden das Ein- und Aussteigen zu erleichtern.

Der Bahnhof hat ein kleines Bahnhofsgebäude, in dem auch die Fahrkarten verkauft werden. Außerdem gibt es hier einen kleinen Laden, an den auch ein sehr nettes Café angeschlossen ist.

Von hier kann man den Zug sogar sehen.

Ein kleines Highlight ist der hier stationierte Oberleitungsrevisionswagen.

Direkt auf der anderen Straßenseite befindet sich unter dem Park der Zentrale Bahnhof für Bus und Bahn. Da er unterirdisch ist, ist dies jedoch quasi nicht zu bemerken. Bilder und ein kleines **_Video zum Bahnhof Palma_** gibt es mit Hilfe dieses QR–Codes.

Der alte Lokschuppen in Palma, jetzt eine Kunsthalle.

11 Am Bahnhof Bunyola

Auch auf den Bahnhöfen kann man schöne Bilder machen. Hier weise ich auf Besonderheiten in Bunyola hin

 In **_Bunyola_** (39.697429, 2.694224) gibt es regelmäßig Zugkreuzungen. Das ist natürlich für den Bahnfan immer ein Highlight. Der Bahnhof ist ein niedliches kleines Gebäude. So wie auch der gesamte Bahnhof sehr schön gestaltet ist.

Am Rande des Bahnhofs ist auch das Elektrizitätswerk, welches die Bahn mit Strom versorgt. Das ist vermutlich auch der Grund, warum hier, etwas verborgen hinter einer Plane, ein Dienstfahrzeug steht.

 Ein kleines Video mit **_Durchfahrt_** durch den **_Bahnhof, inkl. Zugkreuzung_**, verbirgt sich hinter diesem QR-Code.

Zugkreuzung im Bahnhof Bunyola

12 Am Bahnhof Sóller

Auch auf den Bahnhöfen kann man schöne Bilder machen. Hier weise ich auf Besonderheiten in Sóller hin

Der *Bahnhof von Sóller* (39.765043,
2.715091) ist unbestritten der spektakulärste von allen, zumindest für den Bahnfan.
Das liegt mit Sicherheit auch daran, dass
sich hier sozusagen das Betriebswerk der Ferrocarril de Sóller befindet.
In mehreren Lokschuppen können Wagen und Loks abgestellt und repariert werden. Mehrere Drehscheiben bieten den nötigen Zugang und ermöglichen das Rangieren auf kleiner Fläche.
Wer genau hinsieht, wird immer wieder kleine Sonderfahrzeuge entdecken, welche für Wartungs- und Bauarbeiten benötigt werden. Dabei handelt es sich um alte Oberleitungsrevisionswagen, aber auch um moderne Plasser & Theurer Maschinen. Die Bahnsteige selbst liegen unter Bäumen und die gesamte Anlage macht einen deutlich freundlicheren Eindruck als das einfach zubetonierte Palma.
Selbst das Bahnhofsgebäude ist sehr schön und auch mit Liebe zum Detail gestaltet. Hier sitzt auch die Verwaltung der Bahn. Es gibt einen Souvenirshop, ein Café am Bahnsteig und eine Ausstellung.
Nicht zu vergessen, es befindet sich auch das Betriebswerk der Tranvía – der Straßenbahn nach Port de Sóller – hier am Bahnhof. Während die Bahn aus Palma oben im Bahnhof ankommt und abfährt, fahren die Straßenbahnen nach Port de Sóller vor dem Bahnhofsgebäude auf der Plaça d'Espanya ab. Umrangiert wird aber vor dem Depot.

 Ein Video mit Ausfahrt aus und Einfahrt in den *Bahnhof Sóller* findet man mit dem QR-Code.

13 Besonderheiten auf der Fahrt

Bei der Fahrt zwischen den Bahnhöfen gibt es das eine oder andere zu sehen, was man nur vom Zug sehen kann. Ich versuche, Euch mal darauf aufmerksam zu machen. Bis Bunyola (wenn der Zug Palma und die Randbezirke verlassen hat) fährt der Zug durch zahlreiche Mandel- und Olivenhaine. Dabei nähern wir uns immer mehr den Bergen, die der Zug über- und durchqueren muss. In Bunyola selbst kann man oft Zugkreuzungen erleben. Bald darauf folgt Tunnel 3 oder Túnel Major, wie der längste Tunnel der Strecke heißt. Er misst gut 2,8 km und unterquert den Pass Coll de Sóller, über den sich die Pferdekarren vor dem Bahnbau mit den Orangenladungen quälen mussten. Unmittelbar hinter dem Túnel Major überquert der Zug eine kleine Brücke. Genau genommen handelt es sich um das zweite Viadukt auf der Strecke, das Viaducte ses Llemens. Mit seinen 3 Bögen von je 5 Metern Spannweite überspannt es eine kleine Schlucht. Leider ist es von der Strecke aus nicht zu sehen. Auch von der Ma-11 ist es nur ganz kurz zu erkennen. Man kann hier aber auch nicht parken. Kurz danach taucht rechts (in Fahrtrichtung Sóller) das Monument auf. Es wurde zur 75-Jahr-Feier 1987 enthüllt. Es folgen eine weitere Brücke und ein verlassenes Bahnwärterhaus. Dann werden die Tunnel 4 und 5 passiert. Nach Tunnel 6 (Linkskurve) fährt der Zug in den Haltepunkt am Aussichtspunkt Mirador del Pujol d'en Banya ein. Hier halten die Touristenzüge in Richtung Sóller. Die Reisenden können hier für ein paar Minuten aussteigen und den Blick über das Tal von Sóller und die umliegenden Berge genießen. Dabei gibt es oft Zugkreuzungen mit den Zügen nach Palma, die aber nicht halten. Jedenfalls nicht zum Ausstieg, maximal um den Gegenzug abzuwarten. Aber auch nicht jeder Zug gen Sóller hält hier. Direkt hinter dem Bahnhof Mirador liegt Tunnel 7, nachdem der Zug ein kleines Wäldchen quert. Dann kommt die tunnelartige Brücke unter dem Camí de Rocafort. Anschließend kommt Tunnel 8. In der anschließenden Rechtskurve überquert der Tren das Viaducte de Cinc Ponts.

Zwischen Tunnel 8 und 9 liegt das Viaducte de Cinc Ponts. Wer hinten aus dem letzten Wagen schaut, kann das Viadukt sehen, wie wir es überqueren.

Die Fahrten durch die Tunnel sind natürlich generell toll, aber die Tunnel sind recht eng, passt auf die Fotoapparate und Hände auf!

Ab dem Aussichtspunkt haben wir immer wieder schöne Aussichten gen Sóller.

Nach Tunnel 10 werden aber die Seiten getauscht, denn in Tunnel 10 führt die Strecke durch eine große Kurve, sodass eine Kehrschleife gefahren wird. Und schon guckt man auf eine andere Landschaft.

Der letzte Tunnel ist Tunnel 13, in dem der Zug die Ma-11 in einer langen Linkskurve unterquert. Dann geht es über einen Bahnübergang und eine Brücke. Noch eine Linkskurve und die Bahn fährt in den Bahnhof von Sóller ein. Bevor die ersten rechtsliegenden Werkstätten passiert werden, zweigen links ein paar Gleise ab. Sie führen durch die Wagenhalle auf die Gleise der Tranvía. Hier hinten stehen ab und an einige Dienstfahrzeuge. Auch neben den Bahnsteigen sieht man dann teilweise diese „Schätze" stehen.

Das Denkmal zur 75-Jahr-Feier. Leider hält der Zug hier nicht und man kommt auch nicht zu Fuß hierher. Es wird aber gerade gebaut, vielleicht gibt es hier bald ein 2. Gleis mit Halt.

Rechts: Ein alter Renault MT wurde durch den Tausch der Räder zum Bahnfahrzeug. Es heißt Cotxet (kleines Auto), bietet 4 Personen Platz und fährt gut 60 km/h.

Unten:
Oberleitungs-Revisions-Fahrzeug

14 Fahrt mit der „Tranvía" nach Port de Sóller

Vom **_Bahnhof Sóller_** (39.765043, 2.715091) fährt noch eine kleine Straßenbahn, die Tranvía, zum Hafen Port de Sóller. Auch diese Fahrt ist wunderschön und zu empfehlen. Die Bahn wurde am 04.10.1913 eingeweiht. Die Strecke war damals 4,8 km lang. Das größte Problem beim Bau war die Überquerung des Torrent Major. Die Bahn war von Anfang an zum Personentransport gedacht. Zeitweise wurde in extra Güterwagen aber auch der Transport von Fisch und militärischen Gütern vom und zum Hafen in Port de Sóller durchgeführt. Die Bahn hat zahlreiche Triebwagen. Dabei sind die Triebwagen 1 bis 3 Originale aus dem Jahr 1913. Ebenso die Personenwagen 5 und 6.

Die Triebwagen 20 bis 24 wurden erst später aus Lissabon beschafft und neben anderen Umbauten an die Spurweite von 914 mm angepasst. Auch dazu gibt es passende Waggons.

Die Tranvía fährt nach der Abfahrt vor dem Bahnhof von Sóller durch die Innenstadt des Ortes. Dabei schlängelt sie sich auch durch die Außenbereiche der Cafés auf der Plaça de la Constitució. Anschließend verlässt die Bahn langsam den Ort und durchquert die „Vororte". Es wird der Torrent Major überquert. Etwas später erreicht die Tranvía die Ma-11 und verläuft dann an ihrem Rand. Während die Ma-11 nach ein paar Kilometern nach rechts in einen Tunnel abzweigt, erreicht die Tranvía die Strandpromenade von Port de Sóller. Ihr folgt die Bahn dann 800 m, bevor sie dort ihre **_Endhaltestelle in Port de Sóller_** (39.797617, 2.695558) erreicht. Die eigentliche Strecke geht dahinter aber noch ungefähr 300 m weiter. Soweit musste die Bahn früher noch fahren, um den Güterverkehr im Hafen abwickeln zu können.

Endhaltestelle der Tranvía in Port de Sóller mit dem
Restaurant Mar y Sol im Hintergrund

15 Allgemeines zur Bahn

15.1 Blick auf die Geschichte der Bahn

Zu Beginn des 20. Jahrhunderts entwickelte sich in Sóller durch die aufblühende Industrie und die Orangenplantagen begünstigt, immer stärker der Wunsch nach einer besseren Anbindung an den Hafen von Palma und den Rest der Insel.

Es wurde zuerst über den Bau einer Eisenbahnstrecke über Valdemossa und Deià nachgedacht. Wegen zu hoher Kosten wurde dies jedoch verworfen.

1903 kam der Vorschlag auf, eine Bahn mit Hilfe von Tunneln durch das Tramuntana-Gebirge zu bauen. 1907 wurde an beiden Endbahnhöfen gleichzeitig damit begonnen.

Am 19. August 1911 erreichte die Strecke von Palma den Aussichtspunkt Mirador del Pujol d'en Banya. Am 30. September desselben Jahres fuhr der erste Arbeitszug bis Sóller durch.

Am 07.10.1911 gab es mit einem geliehenen Salonwagen eine inoffizielle, und am 16.04.1912 dann die offizielle Eröffnung.

Anfangs wurde die Bahn als Dampfbahn betrieben. Der Rauch wurde in den Tunneln aber als so störend empfunden, dass schnell eine Elektrifizierung beschlossen wurde. Am 14. Juni 1929 war diese Elektrifizierung abgeschlossen.

1930 wurden dann erste Fahrten für Touristen aufgenommen.

15.2 Daten zur Strecke

Die Spurweite beträgt 914 mm (1 engl. Yard oder 3 engl. Fuß). Dies macht die Bahn heutzutage recht selten. Eine weitere Besonderheit ist die Tatsache, dass die Bahn einen Höhenunterschied von 496 m auf nur 2,8 km Länge überwindet, um durch das Alfabia-Gebirge zu kommen.

Dazu waren auch 13 Tunnel nötig. Der kürzeste ist 33 m, der längste 2,876 km lang. Gezählt werden die Tunnel von Palma aus gesehen. Die Tunnel beginnen hinter dem Bahnhof Bunyola (Fahrtrichtung Sóller). Tunnel 3 ist der längste und wird oft auch Túnel Major genannt. Der letzte liegt unmittelbar vor der Einfahrt in den Bahnhof Sóller. Es gibt zwei Viadukte. Das größere, **Viaducte de Cinc Ponts** mit 5 Bögen und einer Höhe von 8 Metern ist ein schönes Fotomotiv und gut zu erreichen. Es hat verschiedene Namen in Karten und der Literatur. Manchmal wird es auch als Viaducte de Mont-reials bezeichnet, nach dem Namen der in der Nähe liegenden Finca. Das kleinere trägt den Namen **Viaducte ses Llemens** und liegt zwischen Tunnel 3 und 4. Es ist leider nur von einer vielbefahrenen Straße kurz zu sehen.

15.3 Fahrzeuge

Erstaunlicherweise wird der gesamte Verkehr mit nur vier Elektrotriebwagen abgewickelt. Sie haben die Nummern 1 bis 4. Die Fahrzeuge wurden im Jahr 1929 beschafft und sind seitdem im Einsatz. Bei der mittlerweile erfolgten Modernisierung wurde großer Wert auf den Erhalt der alten historischen Optik gelegt.

In den Abbildungen auf den Seiten 66 und 120 sind mehrere ungewöhnliche Dienstfahrzeuge zu finden.

16 Benutzung des Buches

16.1 Gliederung

Bei allen Touren gebe ich vorher einen kleinen Überblick in diesem Format. Dabei ist folgendes gemeint.

Tourlänge:
Die tatsächliche Länge des Wanderweges, berechnet mit Routenplanern.

Laufzeit:
Die tatsächliche Dauer der Wanderung, **ohne** Pausen und Fotostopps, berechnet mit Routenplanern im Modus Fußgänger.

Gaststätten:
Anzahl von Gaststätten, die am Weg oder am Ende des Weges liegen. Wenn unterwegs keine vorhanden sind, steht hier „**keine**". Eine Garantie, dass diese wirklich offen sind, kann ich aber nicht geben.

Besonderheiten der Tour:
hier werden schöne Aussichten oder kulturelle Höhepunkte der Tour erwähnt.

Schwierigkeiten der Tour:
hier werden Schwierigkeiten, wie starke Steigungen oder Gefälle sowie gefährliche Wegabschnitte und ähnliches erwähnt.

Tipp:
Hinweis für besondere Ausrüstungen, Foto-Ausrüstung, zusätzliche Getränke u. ä.

Kreuzung mit Bahn:
Wie oft überquert man die Bahn an einem Tunnel, einer Brücke oder einem Bahnübergang, von wo aus man sie direkt sehen kann.

Aussichten auf Bahn:
Wie oft gibt es unterwegs erwähnenswerte Aussichten auf die Bahn.

Besonderheiten Bahn:
Fährt man teilweise mit der Bahn o. ä., steht das hier.

Start:
Gibt die Startzeit an, mit welcher ich die Tour gelaufen bin. Die sich daraus ergebenden Zugkreuzungen beruhen auf dieser Zeit (in Abhängigkeit vom Fahrplan).

Zugverkehr:
Gibt an, wie oft ich zu welchen Zeiten Züge sah.

Abstand zum Bhf.:
Gibt an, wie lange ein Zug vom Fotopunkt vom oder bis zum nächsten Bahnhof braucht. Dadurch wird eine Unabhängigkeit vom Fahrplan erreicht.

Ich stelle die Wanderungen auf Karten dar. Im Sinne der besseren (größeren) Darstellung habe ich einige Karten um 90° gedreht. Zur „Nordausrichtung" dieser Karte und zum Lesen muss das Buch also gedreht werden. Dafür ist die Karte größer. Ich hoffe, der geneigte Leser kann sich damit anfreunden.

16.2 QR-Codes
Ich verwende in diesem Buch QR-Codes.

16.2.1 QR-Codes in Bildern
In Bildern werden teilweise QR-Codes angezeigt. Diese QR-Codes verlinken auf Videos, die mit dem Bild im Zusammenhang stehen. Diese Videos sind meist nur dem Leser dieses Buches zugänglich. Leider kann ich die Verfügbarkeit der Videos, aufgrund der dafür benötigten Infrastruktur, nur für fünf Jahre ab Erscheinungsdatum der vorliegenden Auflage garantieren. Danach ist es möglich, dass die hinterlegten Links nicht mehr funktionieren.

16.2.2 QR-Codes in Skizzen und Text

Es werden auch im Text QR-Codes verwendet. Diese beinhalten geographische Koordinaten, welche in elektronischen Routenführern verwendet werden können. Außerdem werden diese Koordinaten im Format Breite/Lat xx.xxxxxx°N, Länge/Lon yy.yyyyyy°E im Klartext dargestellt. Zur besseren Übersicht stelle ich im Text nur die Zahlen (xx.xxxxxx, yy.yyyyyy) dar. Mit diesen Koordinaten möchte ich es dem Leser erleichtern, gute Fotostandorte zu finden und die Routen nachzuvollziehen.

Der eisenbahnbezogene Text, auf den sich der QR-Code bezieht, ist im Text *so markiert*. (QR-Code 2,0 cm).

Wanderungsbezogene Texte, auf die sich der QR-Code bezieht, sind **so markiert**. (QR-Code 1,5 cm).

Ich bitte den geneigten Leser aber daran zu denken, dass es alleine aufgrund der technischen Ungenauigkeit von Ortungssystemen immer empfehlenswert ist, sich vor Ort nochmal genau umzuschauen, ob es nicht in unmittelbarer Nähe eine bessere Position gibt. Außerdem kann ich nicht garantieren, dass durch die Ungenauigkeit der Punkt auf privates Gelände, einen unpassierbaren Hang oder die Bahntrasse verweist. Bitte also den gesunden Menschenverstand nutzen und die Position auf der Karte mit der Realität vergleichen. Weder ich noch der Verlag oder Dritte, an Herstellung und Vertrieb dieses Buches Beteiligte, übernehmen Haftung für Schäden, die durch ungenaue Koordinaten oder fehlerhafte Nutzung von Koordinaten entstehen.

16.2.3 Datenschutz

Die QR-Codes verlinken auf externe Webseiten und nutzen Apps, bei denen ich nicht beeinflussen kann, ob und wie die Nutzerdaten verarbeitet oder gespeichert werden. Eine Nutzung der QR-Codes hier im Buch ist daher nur möglich, wenn der Nutzer mit einer wie auch immer gearteten evtl. Verarbeitung und Speicherung einverstanden ist. Ansonsten muss von einer Nutzung der QR-Codes abgesehen werden!

16.3 Orientierung im Gelände

Ich verwende zur Orientierung im Gelände die Routenplaner mapy.cz oder Komoot. Da diese online und auch offline als App für Smartphones kostenfrei zur Verfügung stehen, sind sie die ideale Möglichkeit, die Position zu ermitteln und sich führen zu lassen. Der ungemeine Vorteil gegenüber Google ist die große Detailgenauigkeit bei Wanderwegen. Diese endet bei Google meist, wenn der Weg keine Straße mehr ist.

Allerdings bieten die QR-Code-Apps meist eine Verknüpfung zu Google an. Bei der steht man dann leider auch mal offroad.

Die Kartenausschnitte im Buch wurden mit OpenStreetMap erstellt und sind quasi mit den Komoot/mapy.cz-Karten identisch.

16.4 Sprache und Namen

Auf Mallorca gelten zwei Amtssprachen. Spanisch und nein - nicht Deutsch, sondern Katalanisch. Beide sind gleichberechtigt. Dies bedeutet leider, dass Namen in beiden Sprachen geschrieben werden können. Es treten daher immer wieder Unterschiede in den Karten und der Literatur auf.

Am Ende des Buches gibt es ein Namensverzeichnis, in dem ich alle hier verwendeten Namen in allen mir bekannten Formen auch mit Aliassen benenne. Ich kann jedoch nicht für die Vollständigkeit und Richtigkeit garantieren, hoffe aber, eine Hilfestellung zur Orientierung zu geben.

17 Namensverzeichnis

Tren de Sóller	Orangenexpress Roter Blitz
Viaducte de Cinc Ponts	Viaducte Cinc Ponts Viaducte el Cinc Ponts Viaducte els Monreals Viaduct els Montreals Viaducte els Mont-reials Viaducto dels cinc-ponts
Finca Mont-reials	Finca els Mont Reals Finca Montreals
Torrent des Cinc Ponts	Torrent de ses Basses
Bunyola	Buñola
Camí des Rost	Camí del Rost
Camí des Mont-reials	Camí des Montreals
Plaça de la Constitució	Plaça Constitució Plaça de sa Constitució

18 Fahrplan

Den offiziellen aktuellen Fahrplan findet man unter http://www.trendeSoller.com/de/fahrplan/. In den letzten Jahren hat sich nicht viel geändert. Aber außer den normalen Zügen interessieren uns ja alle Züge, auch die „tren privado" – die Touristenzüge. Deshalb habe ich mal alles zusammengefasst, was ich selbst an Daten finden konnte und stelle dies hier dar. Zusätzlich erstelle ich eine Übersicht, wann ich an den beschriebenen Stellen welchen Zügen begegnete. Ich hoffe, so kann sich jeder selbst ausrechnen, ob sich unterwegs das Warten lohnt oder nicht. Palma, Bunyola und Sóller sind die regulären Bahnhöfe. Son Reus ist der Bahnhof für die Busgruppen etwas vor Palma. Grundsätzlich sollte man aber immer bedenken, hier ist man gemütlicher als anderswo. Der Zug sollte nach Fahrplan fahren, aber manchmal fährt er eben auch später...

„Bei der Eisenbahn von Sóller kommt es nicht darauf an schnell, sondern rechtzeitig anzukommen."

Quelle: Der Zug von Sóller – Geschichte, Erzählungen und Gegenwart von Ferrocarril de Sóller S.A.

FERROCARRIL DE SÓLLER S.A.

HORARIOS – HORARIS – TIMETABLE – ABFAHRTSZEITEN
Tel. 971-630130 / 971-752051
www.trendesoller.com

TREN – TREN – TRAIN - EISENBAHN

Palma → Sóller	Sóller → Palma
10:10	09:00
10:50	10:50
12:15	12:15
13:30	14:00
15:10	18:30
19:40	

TRANVÍA – TRAMVIA – TRAMWAY - STRASSENBAHN

Sóller → Port de Sóller

08:00	15:00
09:00	15:30
09:30 *	16:00
10:00	16:30
11:00	17:00
11:30	17:30
12:00	18:00
12:30	18:30
13:00	19:00
13:30	19:30
14:00	20:35
14:30	

Port de Sóller → Sóller

08:30	15:30
09:30	16:00
10:00 *	16:30
10:25	17:00
11:30	17:30
12:00	18:00
12:30	18:30
13:00	19:00
13:30	19:30
14:00	20:00
14:30	21:05
15:00	

Venta de tiquets a bordo
Venda de tiquets a bord
Ticket sales on board
Ticketverkauf an Bord

* → Sól: Sábados → Només Dissabtes → Only Saturdays → Nur Samstags

Ankunft-/Abfahrtszeiten Tren de Sóller (Stand 2018/2019)

Palma ab	Son Reus	Bunyola	Sóller an	
	09:55		10:40	Tren Privado
10:10		10:35	11:10	
10:50		11:15	11:50	
12:15		12:40	13:15	
	13:10		13:55	Tren Privado
13:30		13:55	14:30	
15:10		15:35	16:10	
19:40		20:05	20:35	

Sóller ab	Bunyola	Son Reus	Palma an	
09:00	09:25		10:00	
10:50	11:15		11:50	
12:15	12:40		13:15	
14:00	14:25		15:00	
15:40		16:25		Tren Privado
16:10		16:55		Tren Privado
16:40		17:25		Tren Privado
17:15			18:15	Publico, der gleiche?
17:30			18:30	Publico, der gleiche?
18:00	18:25		19:00	
18:30	18:55		19:30	

Schwarz → offizielle Abfahrtszeit
Blau → beobachtete Zeiten von Touristenzügen

Übersicht unserer Begegnungen mit dem Tren unterwegs

Ort d. Sichtung	Uhrzeit	Richtung	Bemerkung
	10:40	von Palma	privado
kleine Brücke Camí Rocafort	11:00	von Sóller	Abfahrt 10:50
	11:10	von Palma	müsste bereits in Sóller sein
	11:50	von Palma	gehört
Tunnel 10	10:38	von Palma	
	11:03	von Sóller	
	11:16	von Palma	
Tunnel 5	14:20	von Palma	planmäßig 13:30?
	14:24	von Sóller	planmäßig 14:00?
BÜ Tunnel 5	13:04	von Palma	planmäßig 12:40 Bunyola?
Caubet	10:40	von Palma	privado
	11:20	von Palma	planmäßig 10:50
	11:30	von Sóller	
Brücke Cantina	12:43	von Palma	
	12:54	von Sóller	
BÜ Rocafort	15:50	von Sóller	
	16:15	von Palma	
Mirador	13:15	von Palma	privado
	14:15	von Sóller	Zugkreuzung
	14:17	von Palma	Zugkreuzung
Viaducte	09:10	von Sóller	Mont-reials 30 s in Ri. Sóller
	12:31	von Sóller	Mont-reials 30 s in Ri. Sóller
	13:42	von Palma	Mont-reials 30 s in Ri. Sóller
	14:19	von Sóller	Mont-reials 30 s in Ri. Sóller
	14:24	von Palma	Mont-reials 30 s in Ri. Sóller
Tunnel 11	11:59	von Palma	
	12:25	von Sóller